Als Chef akzeptiert

Ulrich Dehner ist Diplom-Psychologe und mit seinem Unternehmen *Konstanzer Seminare* seit 1987 im Bereich Führungs- und Kommunikationstraining, Konfliktmanagement und Coaching tätig. Bei Campus erschien sein Buch *Die alltäglichen Spielchen im Büro* (2001). Homepage: www.Konstanzer-Seminare.de

Renate Dehner ist Trainerin für Persönlichkeitsentwicklung. Im Rahmen der *Konstanzer Seminare* führt sie Trainings, Seminare und Coachings durch.

Ulrich und Renate Dehner

Als Chef akzeptiert

Konfliktlösungen für neue Führungskräfte

Campus Verlag
Frankfurt/New York

Die Deutsche Bibliothek – CIP-Einheitsaufnahme

Ein Titeldatensatz für die Publikation ist bei
Der Deutschen Bibliothek erhältlich
ISBN 3-593-36817-X

Copyright © 2001 Campus Verlag GmbH, Frankfurt/Main
Umschlaggestaltung: Guido Klütsch, Köln
Umschlagmotiv: © Photonica, Hamburg
Satz: Fotosatz L. Huhn, Maintal-Bischofsheim
Druck und Bindung: Media-Print, Paderborn
Gedruckt auf säurefreiem und chlorfrei gebleichtem Papier.
Printed in Germany

Besuchen Sie uns im Internet: www.campus.de

Inhalt

Vorwort der Autoren

Wir, Ulrich und Renate Dehner, haben dieses Buch gemeinsam geschrieben. Dennoch ist dieses Vorwort die letzte Gelegenheit, wo das Wort »wir« in diesem Text auftauchen wird. Unsere gemeinsame Arbeit sah nämlich so aus, dass fast 100 Prozent des Inhalts von Ulrich Dehner beigesteuert wurden und fast 100 Prozent der Formulierungen von Renate Dehner. Wenn im Text also von »ich« gesprochen wird, bezieht sich das immer auf Ulrich Dehner.

Der Einfachheit und besseren Lesbarkeit halber habe ich, und ausnahmsweise bezieht sich dieses »ich« auf Renate Dehner, auf die Verwendung der umständlichen weiblichen Endungen verzichtet. Es schien mir unnötig, aus jedem Chef eine ChefIn, aus jedem Mitarbeiter eine MitarbeiterIn zu machen oder immer von »der oder die« Vorgesetzte zu sprechen. Selbstverständlich sind immer beide Geschlechter gemeint.

Dieses Buch wurde geschrieben, um neuen Führungskräften – neu im Sinne von: gerade zur Führungskraft geworden oder neu in dieser Firma – den Einstieg in ihre neue Tätigkeit zu erleichtern. Es werden Hinweise gegeben, was auf der Ebene der Kommunikation beachtet werden sollte, um sich sowohl bei Mitarbeitern als auch bei Kollegen und natürlich auch beim eigenen Chef als Führungskraft möglichst gut einzuführen. Es wird keine neue Management-Theorie aufgestellt, davon gibt es ohnehin mehr als genug, und es ist trotzdem eine Anleitung zum Führen: zum Führen von Gesprächen!

Gut führen hat in erster Linie etwas mit Kommunikation zu tun, und die Grundsätze möglichst konfliktfreier Kommunikation sind erlernbar. Ebenso erlernbar ist es, mit unumgänglichen Konflikten konstruktiv umzugehen.

Jeder, der nur ein bisschen davon verstanden hat, wie Kommunikation »funktioniert«, wird in Zukunft besser kommunizieren. Einiges bedarf natürlich der Übung, aber wer erst einmal die Erfahrung gemacht hat, wie viel erfolgreicher Gespräche verlaufen können, wenn man seine eingefahrene Spur, die bisher immer in die Sackgasse führte, verlässt, wird diese Anstrengung gerne auf sich nehmen. Außerdem lernt jeder, der etwas über Kommunikation lernt, auch ein wenig über sich selbst.

1.

Kommunikation:

Mit dem Erklimmen des Chefsessels ist es nicht getan

Jeder, der es bereits hinter sich hat, weiß: Die Beförderung oder die Einstellung allein macht einen noch nicht zum Chef, schon gar nicht zu einem guten. Die fachliche Qualifikation reicht dazu nicht aus, und es gibt unendlich viele Möglichkeiten, gleich zu Beginn kleine Fehler mit schwerwiegenden Folgen zu machen. Natürlich ist im Prinzip nichts gegen Fehler einzuwenden – wir machen sie alle, und jedem sollten sie erlaubt sein. Aber man macht sich das Leben bedeutend leichter damit, einige zu vermeiden. Keine Sorge, es passieren dann trotzdem immer noch genug Fehler, sodass der Spielraum der eigenen Entwicklungsmöglichkeiten unbegrenzt bleibt.

Einer der vermeidbaren Fehler ist zu glauben, nur weil ich jetzt als Führungskraft antrete, *bin* ich auch eine. Jede neue Führungskraft besetzt zunächst einmal nur den *formalen* Chefsessel, mit allen formalen Attributen, die dazugehören. Doch das neue Büro, der größere Schreibtisch, der Dienstwagen, und sei es mit Chauffeur, heißt zum Beispiel für die Mitarbeiter noch lange nicht, dass der »Neue« jetzt wirklich der Chef ist. Um sich als Chef oder Chefin zu etablieren, ist die Akzeptanz der Mitarbeiter unerlässlich.

Ob der »Neue« akzeptiert wird oder nicht, kann er durch sein eigenes Verhalten entscheidend beeinflussen. Verweigern die Mitarbeiter die Akzeptanz, so kann das im schlimmsten Fall so weit gehen, dass vernünftiges Arbeiten überhaupt nicht mehr möglich ist, weil man den Chef einfach auflaufen lässt. Es gab den Fall eines neuen Klinikchefs, der antrat in dem edlen Bestreben »alte verkrustete Strukturen aufzubrechen«, einen gänzlich neuen Wind durch den alten Mief wehen zu lassen«. Er wollte, aus keineswegs unsinnigen Überlegungen und Vorstellungen heraus, zu schnell viel zu viel verändern, ohne sich vorher in seinem Team als Leitungspersönlichkeit zu verankern. Es scheiterte, alle Oberärzte kündigten schließlich geschlossen, der Fall schlug in der regionalen Presse hohe Wellen, und er wurde letztendlich als Klinikchef abgelöst.

Zu ebenso großen Konflikten kommt es jedoch, wenn der »Neue« erst einmal alles laufen lässt und von den Mitarbeitern zu seinen Ungunsten immer mit dem vorigen Chef verglichen wird. Ein Entwicklungsleiter geriet in diese Schwierigkeiten, als er die Nachfolge eines Vorgesetzten »vom alten Schlag« antrat, der zwar sehr autoritär, aber auch sehr menschlich und fair war, was ihm die hohe Akzeptanz seiner Mitarbeiter beschert hatte. Sein bedeutend jüngerer, natürlich noch vergleichsweise unerfahrener Nachfolger besaß selbstverständlich noch nicht sein Format und seine Ausstrahlung. Da er es versäumte, sich von Anfang an ein eigenes Profil zu geben, aber auch nicht den autoritären Führungsstil seines Vorgängers übernehmen wollte, wurde ihm sein Verhalten als Schwäche ausgelegt. Es ging so weit, dass sich die Mitarbeiter sogar über ihn lustig machten und sich fragten, wozu sie ihn eigentlich bräuchten, die Abteilung liefe ohne ihn doch genauso gut. Die Tatsache, dass er sich gleich zu Beginn mehrfach bremsen ließ durch Aussagen wie: »Das haben wir immer so gemacht, das sollten wir jetzt nicht ändern!«, führte zu einem weiteren Autoritätsverlust, und damit auch zu einem Verlust an Akzeptanz. Denn obwohl jeder Mitarbeiter einen umgänglichen Chef zu schätzen weiß, hat niemand gerne einen Vorgesetzten, von dem es heißt: »Mit dem können wir machen, was wir wollen!«

Es kommt darauf an, zwischen Verändern und Bewahren eine Balance zu finden. Alles beim Alten zu lassen ist weder sinnvoll noch möglich, ein »Neuer« ist nun einmal ein anderer Mensch. Das Gegenteil, alles radikal verändern zu wollen, und zwar sofort, ist genauso unmöglich. Es führt unweigerlich zur Rebellion der Mitarbeiter, die fürchten: »Seit der Neue da ist, ist das gar nicht mehr unsere Firma!« Außerdem lösen Veränderungen Ängste aus, die berücksichtigt werden müssen, um negative Konsequenzen zu vermeiden.

Diese Erfahrung machte auch der neue Geschäftsführer eines mittelständischen Betriebes. Er übernahm die Leitung vom geschäftsführenden Inhaber, der sich zur Ruhe setzte, nachdem er erfolgreich jahrzehntelang äußerst autoritär geführt hatte. Keiner der 600 Mitarbeiter, auch die so genannten Führungskräfte nicht, war daran gewöhnt, irgendeine eigene Entscheidung zu treffen, da der Inhaber bisher noch das kleinste Detail selbst geregelt hatte. Da der neue Geschäftsführer von moderneren Führungsgrundsätzen überzeugt war, riss er das Steuer heftig herum, um auf einen neuen Kurs zu kommen. Leider ging ihm damit fast die Mannschaft über Bord.

Nachdem er seine Führungskräfte, die wie gewohnt zu ihm gekommen waren, um über anstehende Probleme zu sprechen, mit dem Ausspruch: »Ich will keine Probleme hören, sondern Lösungen!« schockiert hatte und sich ein anderes Mal über das »Zeitungsmanagement« beschwerte, das in der Firma betrieben würde: »Ich habe jede Menge Reporter, die mir über Probleme berichten, aber niemanden, der sie löst!«, sprach schließlich überhaupt niemand mehr mit ihm, schon gar nicht über auftretende Schwierigkeiten. Ihm wurde klar, dass er zu schnell eine zu große Änderung erwartet hatte und dass es seine Aufgabe war, die Mitarbeiter zunächst an selbstständiges und eigenverantwortliches Handeln heranzuführen. Sie mussten erst einmal lernen, was er überhaupt von ihnen wollte.

Diese Beispiele machen deutlich, dass weder eine übergroße Anpassung, noch ein heftiger Konfrontationskurs zu wünschenswerten Ergebnissen führen, sondern stattdessen zu Konflikten und Blockaden.

Die Kunst, einen gelungenen Übergang zu schaffen, kann man lernen.

Einer der ersten Schritte dazu ist, sich zu überlegen, welches die Implikationen des eigenen Handelns sind. Implizite Kommunikation, also das, was im Gesagten unausgesprochen auch mitschwingt, ist häufig bedeutungsvoller und einflussreicher als explizite Kommunikation. Man denke nur an die Geschichte des Kapitäns, der ins Logbuch schrieb: »Heute war der Steuermann total betrunken.« Es kam zu einem Streit mit dem Steuermann, der damit drohte, bis vor das Arbeitsgericht zu ziehen, wenn dieser Eintrag nicht gelöscht würde. Daraufhin schrieb der Kapitän: »Heute ist der Steuermann nicht total betrunken.« Die Implikationen dieses Satzes sind offensichtlich.

Wenn eine Führungskraft beispielsweise zu viel verändert, gibt sie implizit die Botschaft an die Mitarbeiter: »Was ihr bisher gemacht habt, taugt alles nichts!«, und darin ist implizit das Urteil verborgen: »Ihr könnt nichts!« Gerade wer sich in einem neuen Unternehmen etablieren muss, sollte ganz eindeutig klar machen, in welchem Kontext seine Handlungen zu verstehen sind. Um Missverständnisse und Verunsicherungen so weit wie möglich auszuschließen, sollten sehr deutliche Signale, ich nenne sie *Kontextmarkierer* gesetzt werden.

Was sind Kontextmarkierer?

Jede Kommunikation beinhaltet zwei Ebenen: Die Inhalts- oder Sachebene und die Beziehungsebene. Diese Unterscheidung zu treffen ist sinnvoll, denn in der Regel ist es so, dass nicht der besprochene Inhalt für den Verlauf eines Gespräches bedeutend ist, sondern die Beziehung der Beteiligten. Kurz und griffig könnte man sagen:

Beziehung geht vor Inhalt!

Sehr deutlich vor Augen führte das der Fall jenes Ehepaares, das zu mir in die Beratung kam. Nach der üblichen Begrüßung und nachdem man sich gesetzt hatte, bat ich darum, doch zunächst einfach einmal zu erzählen, wo die Schwierigkeiten lägen. Der Ehe-

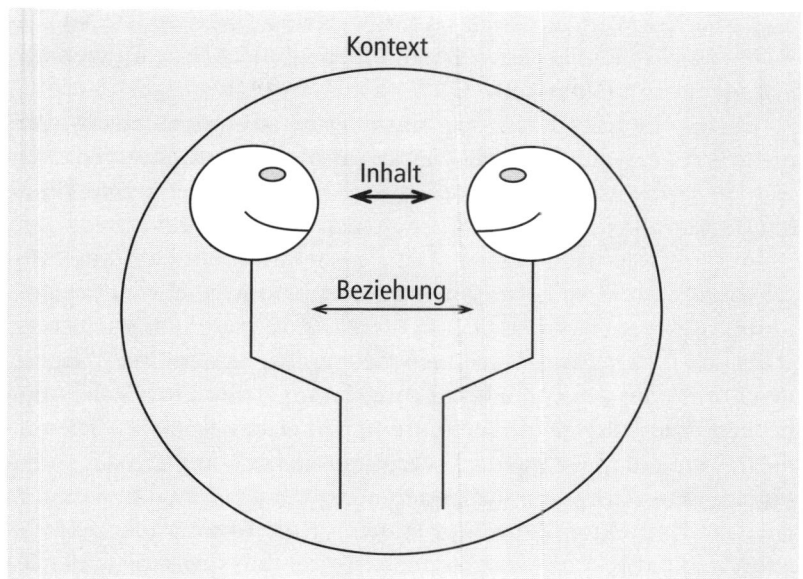

Grafik 1
Die Ebenen der Kommunikation

mann wandte sich an seine Frau: »Fang du doch bitte an!« Woraufhin sie sofort hochging: »Das ist doch wieder typisch – alles willst du bestimmen, sogar wer jetzt anfängt!«

Gibt es Konflikte in der Beziehung, kann jedes Wort zur Eskalation führen. Bei diesen beiden war die Beziehung so stark gestört, dass selbst die einfache Frage, wer von beiden zuerst sprechen sollte, nicht mehr friedlich zu klären war.

Wenn die Beziehung zwischen den Kommunizierenden gestört ist, reagiert man bereits auf einfachste, ganz unverfänglich scheinende Inhalte stark emotional. Man reagiert nicht auf die Sache, um die es geht, sondern auf die vermutete Beziehungsaussage dahinter. Im oben beschriebenen Beispiel reagierte die Ehefrau nicht auf das Angebot, den Vortritt zu erhalten, sondern sie befürchtete, dominiert zu werden.

Störungen in der Beziehung wie Misstrauen, Abneigung, Verletztheit, Unter- oder Überlegenheitsgefühl oder Ähnliches bedeuten, dass die Welt plötzlich voller Missverständnisse ist. Mir gelingt es nicht, dem anderen verständlich zu machen, was ich *wirklich* meine und sagen will.

Ebenso kann es passieren, dass der Inhalt einer Aussage vermeintlich verstanden wird. Wer kennt nicht den Gedanken: »Ich weiß *genau*, was der mir sagen will ...«, nur um, wenn man Glück hat, festzustellen, dass man ihn gänzlich missverstanden hat.

Andererseits ist es bei intakter Beziehung möglich, auch das schwierigste und heikelste Thema glatt über die Bühne zu bringen. »Intakte Beziehung« bedeutet in diesem Zusammenhang selbstverständlich nicht, dass ich meinem Gesprächspartner überaus zugeneigt sein oder ihn einfach nur mögen muss. »Intakte Beziehung« bedeutet hier, dass jeder Beteiligte sich über seine eigene Rolle und die des anderen klar ist sowie Vertrauen in die, zumindest momentane, Glaubwürdigkeit des anderen hat. Jeder ist sich bewusst, in welchen Kontext er die gerade stattfindende Kommunikation einzuordnen hat. Damit das geschehen kann, muss derjenige, der die Kommunikation eröffnet, »Kontextmarkierer« nutzen.

Was sind Kontextmarkierer? Es gibt ein klares Bild für Kontextmarkierer: Stellen Sie sich eine Kriegssituation vor, in der sich die beiden beteiligten Parteien im Schützengraben gegenüberliegen. Jeder schießt auf alles, was sich im gegnerischen Lager bewegt. Für den Soldaten, der sich bedauerlicherweise im Schützengraben befindet, ist die Tatsache, dass jeder auf der anderen Seite einen Stahlhelm trägt und ein Gewehr in der Hand hat, mit dem er auch schießt, ein klarer Kontextmarkierer, dass Krieg ist und er ebenfalls zu schießen hat. Sobald ein Mensch einen Kontext klar definiert hat, zeigt er auch immer die Verhaltensweisen, die in diesem Kontext sinnvoll sind. Das heißt, ein Soldat, der sich eine Zigarette anzünden will, aber kein Feuer hat, wird nicht aufstehen und jemanden vom anderen Schützengraben darum bitten, denn er weiß, dass es dumm wäre, weil es im Kontext Krieg als möglicher Angriff gedeutet würde.

Was jedoch kann er tun, wenn er vom Krieg genug hat und die Situation neu definieren möchte? Einfach aufstehen und hinübergehen, um zu verhandeln? Das kann er bedauerlicherweise nicht, denn dies würde im vorhandenen Kontext als Angriff verstanden werden, und der Gegner würde ihn leider erschießen. Er muss also einen deutlichen Kontextmarkierer setzen, um klar zu machen, dass er jetzt etwas anderes möchte als Krieg, nämlich Verhandlung.

Üblicherweise wird in einem solchen Fall die weiße Fahne gezeigt. Es genügt jedoch nicht, nur einmal kurz damit zu winken. Da wird der Gegner nur glauben, er hätte sich verguckt. Damit an der Verhandlungsabsicht kein Zweifel bestehen kann, muss die weiße Fahne lang und anhaltend geschwenkt werden. Gleichzeitig signalisiert der, der verhandeln möchte, durch Ablegen der Waffe, vielleicht auch noch durch erhobene Hände, mit denen er auf die Gegenseite zugeht, dass er im Moment die Situation als Verhandlungssituation definieren möchte. Durch diese drei Kontextmarkierer, weiße Fahne, Ablegen der Waffe, erhobene Hände, zeigt er es unmissverständlich an. Er hat sein Beziehungsangebot deutlich gemacht.

Auch in beruflichen Alltagssituationen von Führungskräften spielen Kontextmarkierer eine wichtige Rolle. Sie werden immer dann gebraucht, wenn möglicherweise unterschiedliche Erwartungen an Verlauf oder Ergebnis eines Gesprächs bestehen. Ein Beispiel mag dies verdeutlichen: Herr A. hat einen Fehler begangen, der unerfreuliche Folgen nach sich zog. Sein Chef bittet ihn zu sich, um ihn darauf hinzuweisen und um gleichzeitig mit ihm daran zu arbeiten, wie die entstandenen Schwierigkeiten zu beheben sind. Es geht dem Chef nicht um Schuldzuweisungen, sondern um eine konstruktive Lösung. Herr A. jedoch, der mit anderen Chefs negative Erfahrungen in solchen Situationen gemacht hat, erwartet, zurechtgewiesen zu werden. Er fürchtet, dass es seinem Chef darum geht, ihm den Prozess zu machen und einen Schuldspruch über ihn zu verhängen.

Als sein Chef das Gespräch beginnt, fängt er deshalb sofort an, sich zu verteidigen, und verschweigt wichtige Informationen, aus Angst, die könnten ihn noch mehr in Misskredit bringen. Genau diese Verhaltensweisen verhindern aber eine sinnvolle Problemlösung. Um es so weit gar nicht erst kommen zu lassen, nutzt der Chef Kontextmarkierer. Wenn er gleich zu Beginn des Gespräches deutlich signalisiert, und zwar so oft und so lange, bis er verstanden wurde, dass es ihm nicht darum geht »Gerichtssaal zu spielen«, sondern dass er ein Problemlösungsgespräch führen will, wird er diese Kommunikation in erfolgreiche Bahnen lenken.

Auch andere heikle Situationen lassen sich mithilfe von Kontextmarkierern meistern. Angenommen, eine Führungskraft ärgert sich darüber, dass der nächste Vorgesetzte immer wieder in ihre Kompetenzen und Aufgabenbereiche eingreift. Wie kann sie sich dagegen wehren, ohne im anderen die Befürchtung hervorzurufen, womöglich an dessen Stuhl sägen zu wollen? Nur durch den Einsatz von Kontextmarkierern, die ganz klar und eindeutig zum Ausdruck bringen: »Ich habe nicht vor, deine Stellung zu gefährden. Das Einzige, worum es mir geht, ist die Respektierung meiner Kompetenzen.«

Wenn Kommunikation scheitert, obwohl die Beziehungsebene »eigentlich« stimmt und die Sachebene klar sein sollte, kann es daran liegen, dass die Kontextmarkierer nicht eindeutig waren, beziehungsweise vom Gegenüber nicht wahrgenommen wurden. Denn auch das Erkennen der Signale des Gegenübers spielt natürlich eine wesentliche Rolle, wenn Kommunikation gelingen soll. Achte ich nicht auf die Kontextmarkierer des anderen, reden wir zwangsläufig aneinander vorbei.

Die bisherige Leistung würdigen

Führungskräfte sind sich oft nicht darüber im Klaren, dass ihre »Veränderungswut« in einem Beschuldigungskontext verstanden wird. Sie haben sich vielleicht in eine neue Idee verliebt, von deren Umsetzung sie sich Wunder erhoffen. In ihrem Überschwang werben sie dafür, indem sie mit Nachdruck darauf hinweisen, was bisher alles nicht geklappt hat, welche Probleme bisher alle nicht gelöst wurden und wie sich das jetzt alles ändern wird. Dabei übersehen sie, dass für die Mitarbeiter die implizite Botschaft lautet: »Ihr habt bisher nur Unsinn gemacht!«

Sehr viel Widerstand gegen neue Ideen rührt daher, dass Mitarbeiter den »Vorwurf«, der in dieser Art und Weise selbstverständlich nie erhoben werden sollte, nicht auf sich sitzen lassen wollen.

In einem solchen Fall ist die ausreichende Würdigung der bisherigen Arbeit der Mitarbeiter ein Kontextmarkierer dafür, dass es nicht um Anschuldigungen und Urteile geht, sondern schlicht um den Versuch einer Verbesserung.

Wie viel unnötiger Widerstand vermieden werden kann, wenn die Kontextmarkierer klar sind, erfuhr der Verkaufsleiter eines großen Autohauses. Er sah sich gezwungen, neue Regelungen einzuführen, und trat vor seine Mannschaft mit den aufmunternden Worten: »Das Vorführwagen-Management mitsamt den Probefahrten muss dramatisch anders werden, da ist bisher jede Menge Geld vernichtet worden!« Die Angestellten wehrten sich gegen den Vorwurf. Anders hätte die Sache ausgesehen, wenn er eine Anerkennung für die Leistungen seiner Belegschaft verknüpft hätte mit dem Satz: »Da sich aufgrund der neuen Bestimmungen des Konzerns unsere Situation bei den Vorführwagen dramatisch verändert hat, müssen wir nun auch unser Management umstellen!«

Die Würdigung der bisherigen Arbeit ist für jede Führungskraft von zentraler Bedeutung, um Veränderungen effektiv zu gestalten. Für neue Führungskräfte ist sie wichtig, um die Akzeptanz der Mitarbeiter zu erhalten und um etwas zu schaffen, was Systemiker »join the system« nennen. Das bedeutet, nicht gegen das System zu gehen, sondern sich ihm anzuschließen, um es dann gegebenenfalls in eine neue Richtung zu lenken. Praktisch heißt das, bestehende Muster zu übernehmen, sie aber in entscheidenden Punkten abzuändern.

Ein hervorragendes Beispiel, wie so etwas geschehen kann, habe ich selbst als Teilnehmer eines Seminars von Anthony Robbins, dem amerikanischen Erfolgs-Guru, erlebt. Dieses Seminar fand in Brüssel mit 1 100 Teilnehmern statt, die Robbins durch seine perfekte Show zu absoluter Begeisterung hinriss. Drei Tage lang waren enthusiasmierte Menschen völlig auf ihn fixiert. Jedes Mal wenn er mit dem immer gleichen Ritual wieder auf die Bühne trat, wurde er mit Beifallsstürmen empfangen. Am vierten Tag wurde das Seminar von seiner Kollegin übernommen, und das ist selbstverständlich eine äußerst schwierige Situation, gerade weil er einen so überwältigenden Eindruck auf die Leute gemacht hatte.

Doch sie hatte das Problem durch eine perfekte Balance von

Verändern und Bewahren meisterlich gelöst. Sie übernahm das Ritual von Robbins, führte jedoch an entscheidenden Punkten kleine Veränderungen ein und machte die Show so zu ihrer eigenen. Weder wurden die Teilnehmer dadurch verschreckt, dass jetzt etwas ganz Neues, Unbekanntes kam, noch bestand die Gefahr, sie nur als mageren Abklatsch des Originals wahrzunehmen. Dies ist ein weiteres Beispiel für die bereits erwähnte Kunst, einen gelungenen Übergang zu schaffen.

Die ersten Transaktionen sind für die Kommunikation entscheidend

Dieser Vorgehensweise, bestehende Muster zu übernehmen und in entscheidenden Punkten leicht abzuändern, sollten sich neue Führungskräfte so früh wie möglich bedienen. In der Transaktionsanalyse, die ein exzellentes Modell zum besseren Verständnis von Kommunikationsprozessen bietet, gilt der Grundsatz:

> **Die Kommunikation entscheidet sich in den ersten Transaktionen.**

Wobei unter Transaktion alles verstanden wird, was zwei Menschen tun, um miteinander in Beziehung zu treten, sowohl verbal als auch non-verbal.

Nach den ersten Transaktionen entsteht ein Kommunikationsmuster, das sich stets wiederholt. Dieses Muster kann man zwar auch später noch ändern, aber es ist effizienter, wird gleich mit dem »richtigen« oder gewünschten Muster begonnen. Aus diesem Grund legt die Transaktionsanalyse speziellen Wert auf die ersten Transaktionen.

Man sollte also mit dem Einführen neuer Muster nicht allzu lange warten. Wenn in den ersten Transaktionen genügend Wertschätzung für die Mitarbeiter und die bisherigen Leistungen vorhanden ist, sind die Menschen auch bereit, sich auf Neues einzulassen. Selbst unangenehme Entscheidungen können durchgesetzt werden, wenn insgesamt die Arbeit der Mitarbeiter genügend gewürdigt ist.

Dies bestätigte der neue Geschäftsführer eines mittelständischen Betriebes. Er fand die Situation vor, dass jeder Mitarbeiter einen anderen Vertrag mit anderen Bedingungen hatte. Das zu ändern, war für die Mitarbeiter zum Teil natürlich sehr unangenehm, doch da er schnell ihre Akzeptanz und ihr Vertrauen gewonnen hatte, ließ es sich durchsetzen. Die Mitarbeiter erkannten, dass die neuen Maßnahmen, wenn auch kurzfristig schmerzhaft, doch längerfristig von größerem Nutzen waren, da durch das neue Management die gefährdete Firma möglicherweise einen großen Aufschwung nehmen würde und so ihre Arbeitsplätze gesichert waren.

Einzelgespräche mit jedem Mitarbeiter erleichtern den Einstieg

Um Vertrauen und Akzeptanz bei den Mitarbeitern zu erreichen, ist es wichtig, so schnell wie möglich mit jedem Mitarbeiter ein Gespräch unter vier Augen zu führen. Man schafft sich einen möglichst genauen und detaillierten Überblick, wenn man mit jedem Mitarbeiter klärt, was genau seine Tätigkeit ist, wie zufrieden er damit ist, welche Probleme der Mitarbeiter in der Abteilung sieht und wie er sie wertet. Für jede Führungskraft, nicht nur für neue, ist es sehr hilfreich, zu erfahren, wo der einzelne Mitarbeiter die »Baustellen« sieht, wo in seinen Augen dringend etwas aus welchem Grund auch immer getan werden muss.

Wichtig für den neuen Chef ist auch, in Erfahrung zu bringen, was der Mitarbeiter von ihm erwartet. So kann er frühzeitig Missverständnisse und Enttäuschungen, beispielsweise die Erwartung, der neue wäre genauso wie der alte Chef, vermeiden. Indem die neue Führungskraft nach den Erwartungen des Mitarbeiters fragt, bringt sie auch ihren Respekt für den Mitarbeiter zum Ausdruck, denn dies schafft auf der Beziehungsebene Gleichwertigkeit. Es zählt nicht nur, was der Chef will, es ist genauso wichtig, was der Mitarbeiter sich wünscht.

Gerade die Situation, wenn Kritik geübt werden muss, ist sehr schnell konfliktgeladen. Beim Kick-off-meeting, dem Startschuss für ein großes Projekt, wünschten sich die Mitarbeiter Kritik schriftlich, samt beigefügter Tafel Schokolade. Das war natürlich nicht ganz ernst gemeint, aber wenn ein Mitarbeiter sagt: »Ich kann mit Kritik am besten umgehen, wenn sie unter vier Augen erfolgt. Ihr Vorgänger hat das immer vor versammelter Mannschaft gemacht«, so hat man doch einen wertvollen Hinweis darauf, was man in Zukunft auf jeden Fall besser machen kann, als der vorherige Chef.

Der neue Vorgesetzte kann in diesem Zusammenhang auch darstellen, wie er sich seinerseits die Zusammenarbeit mit den Mitarbeitern vorstellt, welche Wünsche er an sie hat, was ihm wichtig und für ihn wesentlich ist. Dazu muss er sich vorher natürlich selbst gründlich klar gemacht haben, welche Erwartungen er an die Mitarbeiter stellt. Das heißt, er muss seine eigene Arbeitsweise reflektieren und nicht von ihnen erwarten, dass sie seine Gedanken lesen können.

Es ist empfehlenswert, *nichts* als selbstverständlich vorauszusetzen, denn bei Erwartungen, die nicht ausgesprochen werden, sind Konflikte vorprogrammiert: Für den einen ist es selbstverständlich, dass er über jeden Vorgang einen ausführlichen Bericht haben will, für den anderen ist es selbstverständlich, dass eine kurze Notiz genügt. »Natürlich« reicht ein mündliches In-Kenntnis-Setzen, »natürlich« muss jede Information in schriftlicher Form vorliegen ... Die Beispiele dafür, was man alles ganz selbstverständlich macht, deshalb nicht zu klären braucht und prompt Missverständnisse provoziert, sind zahlreich.

Für jeden neuen Chef ist es deshalb hilfreich, auch gründlich nach den Regularien zu fragen, nach denen bisher gearbeitet wurde. Die können ganz anders sein, als er sich das vorstellt, und so kann gleich zu Beginn eine mögliche Quelle für Missverständnisse und Konflikte ausgeschaltet werden. Wenn neue Vorgehensweisen eingeführt werden sollen, empfiehlt sich vielleicht eine Gruppenbesprechung, in der die Führungskraft ihre Vorstellungen mit dem ganzen Team diskutieren kann.

Bei den Einzelgesprächen versuchen professionelle Führungskräfte auch in Erfahrung zu bringen, wie die Mitarbeiter das Gesamtklima in der Abteilung und in der Firma erleben. Das ist natürlich vor allem dann eine wertvolle Information, wenn das Klima schlecht ist. Als Chef erhält man so frühzeitig ein Warnsignal, dass es nötig ist, rasch Maßnahmen zu ergreifen, man daher als Führungskraft sofort gefordert ist. Womöglich besteht die Situation, dass sich die Mehrzahl der Mitarbeiter unterbezahlt oder unterfordert fühlt. Wenn man bei den ersten Einzelgesprächen schon erfährt, dass sich einige der Mitarbeiter bereits anderweitig orientieren, kann man sich darauf einstellen. Sehr viel unangenehmer ist es, davon auszugehen, die ganze Mannschaft zur Verfügung zu haben, und man steht plötzlich mit drastisch reduzierter Abteilung da. Wer nicht direkt danach fragt, kann manchmal eine ganze Weile brauchen, um zu merken, wie schlecht die Stimmung tatsächlich ist. Weiß man es jedoch, hat man immerhin noch die Chance, das Klima zu verändern, etwa mit Hilfe eines moderierten Teamworkshops.

Wichtig ist jedoch nicht nur, dass diese Einzelgespräche mit jedem Mitarbeiter geführt werden, sondern auch die Art und Weise, wie sie geführt werden. Die Kunst der Gesprächsführung spielt eine wesentliche Rolle. Wie oben bereits erwähnt, hat die Kommunikationswissenschaft herausgefunden, dass sich bereits in den ersten Transaktionen, das heißt in den ersten Sätzen, die Menschen miteinander wechseln, so etwas wie Kommunikationsmuster bilden, die prägend für den weiteren Verlauf der Beziehung sind. Selbstverständlich kann ein schlechter Einstieg auch wieder ausgebügelt werden, schließlich muss ein anfänglich guter Eindruck gelegentlich auch wieder revidiert werden. Doch es kostet mehr Mühe und Energie, als gleich zu einem guten Einvernehmen zu kommen. Daher lohnt es sich, ein paar Gedanken auf die Kommunikation zu verwenden.

Das erste Gespräch ist zunächst entscheidend für die Einstellung des Mitarbeiters seinem Chef gegenüber. Der Chef ist Schicksal, fast so unausweichlich wie ein Schnupfen – ist es nicht dieser, so ist es jener. Wenn man sich nicht selbstständig machen will oder kann, muss man mit einem Chef zurande kommen, und der hat für gewöhnlich die besseren Karten, was Macht oder zumindest Einfluss angeht. Daraus folgt, dass der durchschnittliche Mitarbeiter nicht *ent*-spannt und gelöst dem neuen Chef gegenübertritt. Er wird vielmehr sehr *ge*-spannt sein und ihn werden Fragen beschäftigen wie: Wie wird der Neue sein? Wie wird er mich beurteilen? Habe ich eine Chance, ihm gegenüber zu bestehen?

Auch Chefs gehen nicht unbeschwert in das erste Gespräch. Sie wissen, wie wichtig die Akzeptanz der Mitarbeiter für sie ist. Doch sollte man als Führungskraft in der Lage sein, die Atmosphäre eines ersten Gespräches angenehm zu gestalten!

Damit das gelingt, ist es wichtig, sich über die eigene Rolle im Klaren zu sein. Egal, wie man dazu steht, egal, wie wenig man von Hierarchien hält, und egal, wie demokratisch der eigene Führungsstil ist oder sein soll, die Worte eines Vorgesetzten wiegen schwerer als die eines Kollegen!

Was man als Gleicher unter Gleichen noch locker und flapsig in die Runde werfen konnte, ohne dass es negative oder sonstige Folgen nach sich gezogen hätte, wird einem unter Umständen in der neuen Position als Chef sehr übel genommen. Es ist wichtig, diesen Punkt im Auge zu behalten und seine Worte sorgfältig zu wählen.

Genauso wichtig ist, sich bewusst zu machen, dass man als Vorgesetzter immer auch ein wenig in einer Art Elternrolle ist und in diesem Zusammenhang mit Erwartungen konfrontiert wird, wie sie an Eltern gestellt werden. So, wie Kinder von ihren Eltern Zuwendung und Aufmerksamkeit haben wollen, richten auch Mitarbeiter Erwartungen an ihren Vorgesetzten, nur nennt man es dann »Feedback«. Mitarbeiter suchen nach Zeichen der Beurteilung: »Wie schätzt der Chef mich ein?«, »Wie sehr schätzt er mich?«.

Wertschätzung zum Ausdruck bringen

Jeder Mensch hat ein Grundbedürfnis nach Wertschätzung. Führungskräfte, die das verstanden haben und danach handeln, haben Mitarbeiter, die für sie durchs Feuer gehen. Napoleon wird nachgesagt, dass seine Soldaten deshalb bis zum Äußersten, bis zur völligen Selbstaufgabe, für ihn gekämpft haben und ihn auch nach seiner Niederlage noch liebten, weil er sogar vom einfachsten Infanteristen die Lebensumstände erinnerte, wenn er sie kannte. Er brachte seine

Wertschätzung für jeden Einzelnen zum Ausdruck, indem er gezielt jeden auf das ansprechen konnte, was er von ihm wusste.

Das erforderte selbstverständlich große Aufmerksamkeit, und das ist ein weiterer wichtiger Punkt: *Wertschätzung und Aufmerksamkeit gehen Hand in Hand!* Niemand wird Ihnen Ihre Wertschätzung abnehmen, wenn Sie ganz offensichtlich mit den Gedanken ganz woanders sind. Ganz davon abgesehen, dass Ihnen unter Umständen wichtige Informationen verloren gehen, wenn Sie Ihren Mitarbeitern nicht aufmerksam zuhören, werden Ihre Mitarbeiter Ihr Desinteresse auch sehr schnell spüren, was fatale Folgen für Ihre Beziehung haben kann. Mitarbeiter, die sich nicht wertgeschätzt fühlen, werden sich kaum ins Zeug legen für ihren Chef, sondern wahrscheinlich Dienst nach Vorschrift machen.

Große Vorsicht ist auch angebracht bei den so genannten »lockeren Sprüchen«, die scherzhaft gemeint sind und im Kollegenkreis vielleicht durchweg mit Wohlwollen aufgenommen wurden, die bei einem Mitarbeiter jedoch unter Umständen als massive Kritik ankommen. Unter Kollegen mag es angehen, angesichts des offenbar neuen Anzugs zu dessen Besitzer zu sagen: »Wie ich sehe, bist du wirklich ein guter Kaufmann! Du hast ja einen richtigen Blick für Schnäppchen!«

Von einem Mitarbeiter könnte das jedoch als Hinweis auf unzulängliche Kleidung verstanden werden und womöglich zu großer Verunsicherung führen. Auch ein Ausspruch wie: »Na, das können doch die Kollegen der XY-Abteilung erledigen! Die sitzen doch sowieso nur den ganzen Tag rum!«, wird von Kollegen, wenn die Beziehung gut ist, sicherlich nicht übel genommen. Für einen Mitarbeiter kann sie jedoch eine massive Kränkung sein.

Die Anforderungen gerade junger Mitarbeiter sind andere als noch vor ein paar Jahren. Die Dominanz eines Vorgesetzten wird nicht mehr gewünscht, trotzdem muss Autorität aufgebaut werden, da es sonst an Akzeptanz mangelt. Autorität kann ein Chef nur aufbauen, wenn er nicht ausschließlich verwaltet, sondern wirklich führt, also die Richtung vorgibt, was wiederum heißt, dass er ein Ziel hat. Bereits im ersten Gespräch sollte die neue Führungskraft deshalb auch den Mitarbeitern die Anregung geben, über Ziele für ihren Arbeitsplatz nachzudenken.

Sehr wichtig in diesem ersten Gespräch ist auch, den Mitarbeiter über seine Stärken und Schwächen sprechen zu lassen. Dazu ist es nötig, viele Fragen zu stellen: Welche Projekte hat der Mitarbeiter durchgeführt? Welche waren erfolgreich? Was war aus Sicht des Mitarbeiters die Ursache für Erfolg oder Misserfolg? Wo sieht er bei sich selbst Entwicklungsbedarf? Welche Unterstützung wünscht er sich von seiner Führungskraft?

Fragen zu stellen ist in vielen Gesprächen zwischen Chef und Mitarbeitern von großer Bedeutung und wird leider oft vernachlässigt. Dies ist gerade bei dem ersten Kennenlernen wichtig. Es wird für die weitere, erfolgreiche Zusammenarbeit kein Grundstein dadurch gelegt, dass der neue Chef sich in seiner ganzen Großartigkeit dem Mitarbeiter präsentiert, wohl aber dadurch, dass er durch viele kluge und interessierte Fragen zu erkennen gibt, dass er dem Mitarbeiter zuhört und wissen will, was er zu sagen hat. Diese Art Neugier wird jeder zu schätzen wissen, und wenn der neue Vorgesetzte verständnisvoll auch an kritischen Punkten nachhakt, gewinnen beide Gesprächspartner: Der Chef erhält wertvolle Informationen, der Mitarbeiter das Gefühl von Beachtung und Wertschätzung. Jemand, der statt Fragen zu stellen nur monologisiert, vermittelt hauptsächlich eines, nämlich den Eindruck, ein egozentrischer Mensch zu sein, ganz besonders, wenn es in dem Gespräch eigentlich darum gehen soll, einander kennen zu lernen.

Die Antworten auf die Fragen, die er gestellt hat, sollte der Vorgesetzte immer wieder mit eigenen Worten zusammenfassen. Er stellt damit sicher, dass er das Gehörte richtig verstanden hat. Damit zeigt er dem Mitarbeiter außerdem, dass er sich wirklich Mühe gibt, ihn zu verstehen.

Erste Entscheidungen treffen, ohne auf die Nase zu fallen

Von Führungskräften werden heutzutage sehr schnell die ersten Entscheidungen erwartet. Wenn der Neue von außen dazukommt, also nicht innerhalb der eigenen Firma aufgestiegen ist, ist er damit manchmal überfordert, denn er kennt sein Spielfeld noch nicht richtig. Er weiß zum Beispiel nicht, wo überall aufgrund von »Baustellen« Löcher sind, in die er fallen könnte, wem er womit auf die empfindlichen Füße treten könnte, um wen er sich dringend kümmern muss, und so weiter ... Er kann also in diesem komplexen und komplizierten System sehr schnell mit allen möglichen Leuten aneinander geraten, ohne die Gründe zu kennen. So entstehen überflüssige Konflikte, die viel Zeit und Energie rauben und womöglich auch noch Auswirkungen auf seinen Ruf haben.

Ein guter erster Kontakt zu den Mitarbeitern kann viele dieser unnötigen Konflikte verhindern, denn niemand kennt das Spielfeld so genau wie die, die ständig darauf spielen. Beim ersten Gespräch ist es deshalb ganz wichtig, auch folgende Punkte zu klären: Wer sind die wichtigsten Kunden dieser Abteilung, und zwar sowohl externe wie interne? Warum sind sie wichtig? Welches sind die schwierigsten Kunden, und warum sind sie schwierig? Welches sind die wichtigsten internen oder externen Konkurrenten?

Wenn diese Informationen von allen Mitarbeitern abgerufen werden, bekommt man sehr schnell ein stimmiges Gesamtbild. Das erleichtert sinnvolle Entscheidungen, selbst wenn sie schnell erfolgen müssen. Das Erfragen dieser Informationen dient nebenher auch dazu, möglichst schnell ein Gespür für die Mitarbeiter und die Konstellationen im Team zu bekommen. Wer arbeitet mit wem zusammen? Wo im Team gibt es Konflikte? Wie schätzen die Mitarbeiter die Stärken und Schwächen des Teams ein? Eine eingehende Beschäftigung mit den Informationen der Mitarbeiter verhindert möglicherweise Fehlentscheidungen und Missverständnisse.

2.

Transaktionsanalyse:
die Mitarbeiter und ihre Ich-Zustände

Bei den Einzelgesprächen gibt es jedoch nicht nur Themen, die wichtig sind und auf die man sich einstellen sollte, sondern auch Typen. Ich spreche bewusst von Typen, denn wenn auch jeder Mitarbeiter ein Individuum und als solches einzigartig ist, so gibt es doch bestimmte Verhaltensweisen und Kommunikationsstile, die immer wieder ähnlich auftauchen und die man mit Einschränkungen typisieren kann.

Vielleicht treffen Sie bei Ihrem ersten Gespräch auf jemanden, der das Gespräch folgendermaßen eröffnet: »Wie gut, dass jetzt endlich ein neuer Chef kommt. Hier liegt ja seit einer ganzen Weile so ziemlich alles im Argen. Wenn ich Ihnen jetzt gerade aus dem Stand aufzählen wollte, was bei uns in letzter Zeit alles schief gelaufen ist, säßen wir heute Abend noch hier! Vor allen Dingen im ... müsste dringend etwas getan werden, und auch bei ... müsste einiges unternommen werden!« Auch der Tonfall, in dem dies vorgetragen wird, macht Ihnen klar, dass Sie sich das Ausmaß des Jammers in dieser Abteilung gar nicht groß genug vorstellen können. Auf die Frage, wo der Mitarbeiter seinen Aufgabenbereich sieht, erhalten Sie zur Antwort, was man ihm bisher alles an Arbeiten zugewiesen hat, und auf die Frage nach seinen Zielen erfolgt neuerliches Gejammer, sodass Ihnen sehr schnell klar wird, dass Eigeninitiative bei diesem Mitarbeiter nicht zu den ausgeprägten Stärken zählt. Aber immerhin scheint er fügsam und willig, was man von Ihrem nächsten Gesprächspartner nicht behaupten kann.

Der poltert nämlich gleich los: »Ich weiß überhaupt nicht, was ich hier soll! Wieso reden Sie überhaupt mit jedem Einzelnen?

Wollen Sie uns aushorchen? Sind das die neuen Management-Methoden – die Kollegen gegeneinander ausspielen? Da mach ich aber nicht mit! Und die Kollegen auch nicht, das kann ich Ihnen versichern!« Ihnen dämmert, dass dieses Gespräch unter Umständen ein bisschen schwierig werden könnte, dito die weitere Zusammenarbeit mit dem Raubein. Es sieht so aus, als hätte er sich »Seid Sand, nicht Öl im Getriebe ...« als Devise gewählt.

Ihr drittes Gespräch fängt freundlich, sachlich und informativ an. Sie atmen auf, es gibt ihn also noch, den unkomplizierten Mitarbeiter, und Sie fragen ihn, wie er die Situation in der Abteilung beurteilt. Und nun kommt Ihr Mitarbeiter so richtig in Fahrt: »Als Erstes sollten Sie mal den Klüngel im Sekretariat auf Trab bringen! Da wird ja mehr Kaffee getrunken als gearbeitet! Auf jeden Fall müssen die folgenden Abläufe neu geordnet werden (es folgt eine längere Aufzählung). Die Ablage in dieser Abteilung ist absolut chaotisch. Und wenn ich Ihnen etwas raten darf, den Mayer müssen Sie unbedingt im Auge behalten, der ist so unzuverlässig, den müssen Sie ganz eng führen!« Die Botschaft hinter all dem ist ganz klar: Wenn Sie sich strikt an die Anweisungen Ihres Mitarbeiters halten, ist er gerne bereit, Sie als Chef zu akzeptieren.

Der Mitarbeiter, mit dem Sie das nächste Gespräch vereinbart haben, beurteilt die Lage so: »Im Großen und Ganzen sind alle hier in der Abteilung sehr nett, aber manche haben schon sehr, sehr viel zu tun, die sind echt überarbeitet. Nehmen Sie zum Beispiel Herrn Mayer, der gilt bei manchen wohl als unzuverlässig, aber der hat einfach viel zu viel am Hals. Weil er sich hier am besten auskennt, kommt jeder zu ihm gerannt, der schafft sich noch zu Tode. Ich finde, da muss dringend etwas getan werden. Das kann die Firma doch nicht zulassen. Genauso Frau Schmidt! Was sitzt die immer lang im Büro! Man kann doch die Leute hier nicht so verheizen!« Der Appell an Sie ist eindeutig: Retten Sie die armen Menschen vor den Machenschaften eines üblen Ausbeutersystems! Kümmern Sie sich endlich darum, dass keiner Ihrer Mitarbeiter an Herzinfarkt, Magengeschwür und weiteren Stress-Symptomen leidet, wenn diese es schon nicht selbst tun!

Beim nächsten Gespräch, das Sie führen, hat es sich in der Mitarbeiterschar schon herumgesprochen, dass Sie jedem die Frage stellen, was er von der Situation in der Abteilung hält, und so kommt Ihr Mitarbeiter gut gerüstet mit drei dicken Aktenordnern unter dem Arm durch Ihre Tür. Beginnend mit den allgemeinen Unternehmenszielen, leitet er daraus die besonderen Aufgaben der Abteilung ab, zeigt Ihnen anhand von ausführlichem Zahlenmaterial die Entwicklung der Abteilung in den vergangenen drei Jahren auf und erschlägt Sie anschließend mit einer langen Latte von Statistiken. Nach diesem Gespräch tut es Ihnen leid, dass Sie im Büro grundsätzlich keinen Alkohol trinken.

Nach all diesen Erfahrungen sind Sie umso überraschter über das letzte Gespräch, das Sie führen. Ihr Mitarbeiter kommt fröhlich und aufgeschlossen zu Ihnen und beglückwünscht Sie zunächst einmal zu Ihrer neuen Position, ist offensichtlich an Ihnen interessiert, erzählt begeistert und überschwänglich von seinen Aufgaben, skizziert seine neuesten Ideen und lädt Sie zum Abschluss des Gespräches zu einem Grillabend ein. Sie freuen sich zwar ehrlich über jemanden, der zumindest den Eindruck vermittelt, leicht und unkompliziert im Umgang zu sein, doch Sie fragen sich schon etwas ratlos, wie Sie denn nun all diese verschiedenen Typen unter einen Hut bringen und führen sollen.

Nicht nur als frischgebackener Chef sollte man sich darüber im Klaren sein, dass die Verschiedenartigkeit der Charaktere auch jeweils unterschiedliches Führungsverhalten erfordert. Wo ich den einen ermutigen muss, muss ich den anderen bremsen. Wo das Setzen einer klaren Grenze, in hartem Ton vorgetragen, bei dem einen die angemessene Reaktion ist, braucht der andere allerhöchstens einen zarten Wink. Wer ein gutes theoretisches Modell sucht, mit dem sich die Verschiedenartigkeit, wie Menschen kommunizieren, sehr leicht verstehen lässt und das einen sehr brauchbaren Praxistransfer liefert, findet es in der Transaktionsanalyse. Wie oben schon erwähnt, untersucht sie, was passiert, wenn Menschen mit sich und mit anderen umgehen. Im Folgenden werde ich daher einige wenige, wesentliche Grundbegriffe der Transaktionsanalyse erläutern.

Beginnen wir mit dem Begriff »Ich-Zustand«. In der Transaktionsanalyse ist Ich-Zustand eine Einheit von Denken, Handeln und Fühlen. In jedem der verschiedenen Ich-Zustände, die uns zur Ver-

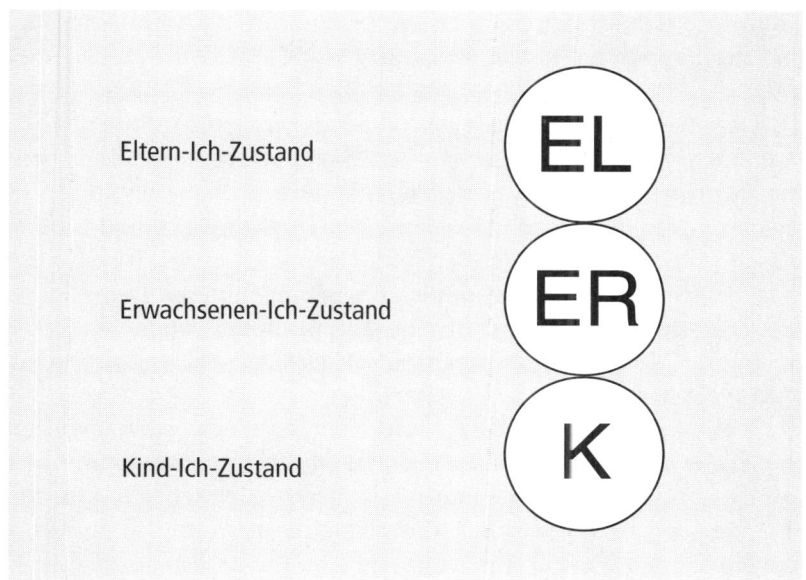

Grafik 2
Strukturelles Modell der drei Ich-Zustände

fügung stehen, denken, handeln und fühlen wir anders als in einem anderen, kommunizieren deshalb auch anders, weshalb es sinnvoll ist, auch jeweils anders darauf zu reagieren.

Zunächst unterscheidet die Transaktionsanalyse drei Ich-Zustände: das Eltern-Ich, das Erwachsenen-Ich und das Kind-Ich.

Wie der Name schon sagt, denken, handeln und fühlen wir im Kind-Ich-Zustand so, wie wir es als Kind getan haben. Menschen im Kind-Ich-Zustand erscheinen oftmals auch etwas kindlich. Der ansonsten sehr bestimmt auftretende Hauptabteilungsleiter, der sich vor den kritischen Augen des Vorstands präsentieren muss, fühlt sich plötzlich wieder als Schuljunge, der dem strengen Lehrer die schlecht gelernte Aufgabe hersagen soll – und er wirkt auch so. In diesem Kontext kommt das unsichere Kind von vor 30 oder mehr Jahren wieder zum Vorschein.

Jedem bekannt ist auch »das Kind im Manne«, das sich zum Beispiel auf dem Fußballplatz zeigt oder unter dem Christbaum, wenn die Kinder eine elektrische Eisenbahn bekommen haben, mit der Papa dann begeistert spielt: Das ist der Kind-Ich-Zustand pur.

Der Erwachsenen-Ich-Zustand hingegen wird oft verglichen mit einem Computer. Wenn wir im Erwachsenen-Ich sind, nehmen wir Informationen auf, ohne sie zu bewerten, verarbeiten sie logisch und geben Informationen weiter. Dies alles geschieht, ohne dass unsere Emotionen dabei beteiligt wären, es spielt sich alles ausschließlich auf der Verstandes-Ebene ab. Mit einem Menschen im Erwachsenen-Ich-Zustand kann man nicht jubeln, aber man kann auch nicht mit ihm streiten, sondern höchstens Argumente austauschen.

Wenn Ihnen jemand also in gereiztem oder gar wütendem Ton erklärt, er sei ganz sachlich, ist er alles Mögliche, aber gewiss nicht im Zustand des Erwachsenen-Ichs. Dieser zeichnet sich dadurch aus, dass wir in ihm wirklich klar, ohne durch unsere Gefühle voreingenommen zu sein, über Dinge nachdenken können. Was jedoch auf gar keinen Fall heißen soll, dass wir Entscheidungen nur aus diesem Zustand heraus treffen sollten, im Gegenteil, gerade für Entscheidungen sind unsere Gefühle, die hauptsächlich aus dem Kind-Ich kommen, und unsere Bewertungen, die wir in dem Eltern-Ich-Zustand treffen, von größter Bedeutung.

Im Eltern-Ich-Zustand befindet man sich, wenn man denkt, fühlt und handelt, wie man es früher bei Elternfiguren erlebt hat. Das müssen nicht unbedingt nur die eigenen Eltern gewesen sein. Auch andere erwachsene Bezugspersonen können als Vorbild für unser Eltern-Ich dienen oder jeder, der sich wie eine typische Elternfigur verhält, also für andere sorgt, sich um sie kümmert, aber auch sagt, wo es langgeht, Anweisungen gibt und klare Bewertungen ausspricht. Im Eltern-Ich-Zustand können wir uns jedem Menschen gegenüber befinden, nicht nur Kindern oder Personen, die jünger sind als wir.

Niemand befindet sich immer nur in einem Ich-Zustand. Im Laufe eines Tages wechseln wir die Ich-Zustände häufig, je nachdem, was wir zu tun haben, mit wem wir es zu tun haben, wie es uns gerade geht, was uns gerade zugestoßen ist. Gibt der Hauptabteilungsleiter Anweisungen, so ist er im Eltern-Ich, analysiert er gemeinsam mit einem Mitarbeiter ein Problem, so ist er im Erwachsenen-Ich, und spielt er abends mit seinem Hund, so ist er im Kind-Ich.

Wir benutzen die Ich-Zustände übrigens nicht nur für die Kommunikation mit unseren Mitmenschen, sondern auch im inneren Dialog, also im Umgang mit uns selbst. Achten Sie einmal darauf, wie oft Sie sich innerlich schelten, loben oder trösten, innerlich lachen oder toben, und versuchen Sie herauszufinden, welchen Ich-Zustand Sie mit sich selbst favorisieren. Denn wir wechseln zwar je nach Situation die Ich-Zustände, doch gilt für die meisten Menschen, dass sie bestimmte Ich-Zustände bevorzugen.

Jeder der oben geschilderten Mitarbeiter hat sich hauptsächlich in einem Ich-Zustand präsentiert. Zum besseren Verständnis von Kommunikationsprozessen ist es hilfreich, die Ich-Zustände noch weiter zu unterteilen, nämlich nach der Funktion, wie wir den jeweiligen Ich-Zustand einsetzen.

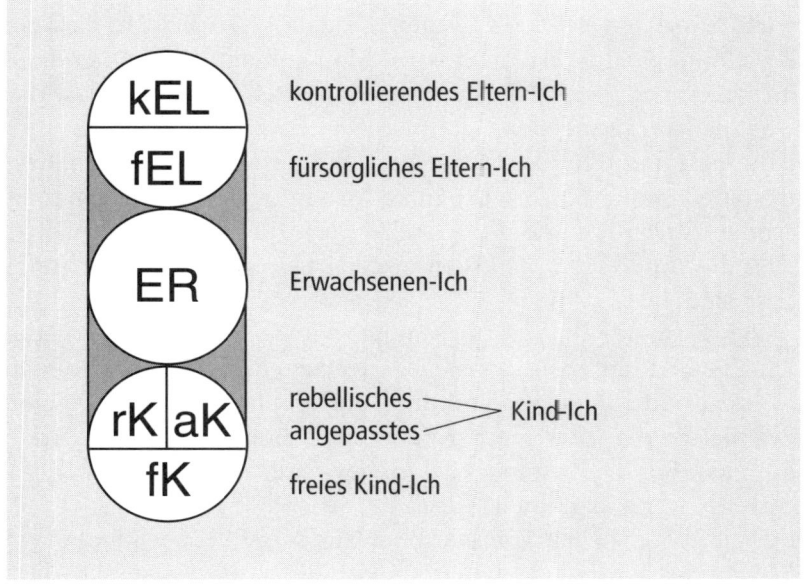

Grafik 3
Funktionales Modell der Ich-Zustände

Nehmen wir zum Beispiel die zwei Funktionen des Eltern-Ichs. Zum einen geben Eltern-Figuren Anweisungen: Sie sagen, was man zu tun und zu lassen hat, und sie bestimmen auch, wie Handlungen zu bewerten sind. Sämtliche Anweisungen, auch die im freundlichsten Ton vorgetragenen, kommen aus dem Teil des Eltern-Ichs, der in der Transaktionsanalyse *kontrollierendes* oder *steuerndes Eltern-Ich* heißt.

Gerade beim Begriff des steuernden Eltern-Ichs treten häufig Missverständnisse auf. Vielleicht liegt es daran, dass jeder noch zu gut das Bild eines schimpfenden Elternteils oder einer sonstigen Autoritätsperson vor Augen hat, jedenfalls assoziieren die meisten mit diesem Begriff spontan etwas Negatives. Das führt dazu, dass sie eine freundliche Anweisung wie: »Geben Sie mir doch bitte die Unterlagen ...!« dem Erwachsenen-Ich zuordnen, weil sie nett und sachlich klingt.

Entscheidend für die Zuordnung einer Aussage zu einem Ich-Zustand ist jedoch nicht nur der Ton, in dem sie gemacht wird, sondern welche Art von Beziehung durch die Aussage hergestellt wird. Entscheidend für Aussagen aus dem Eltern-Ich ist, dass ein Beziehungsgefälle hergestellt wird. Man befindet sich immer dann im steuernden Eltern-Ich, wenn man erwartet, dass der andere tut, was man ihm sagt, denn dann steuert man ihn. Dieses Steuern kann nett und freundlich oder hart und unfreundlich geschehen. Deshalb kommt die oben genannte Aussage genauso aus dem steuernden Eltern-Ich wie die barsche Aufforderung: »Ich erwarte, dass die Unterlagen pünktlich um vier Uhr auf meinem Schreibtisch sind!«

Ich-Zustände sind im Übrigen nie »gut« oder »schlecht«. Jeder Ich-Zustand hat positive und negative Seiten, das kommt auf den Kontext und auf das Maß an. Im Kontext einer Notsituation zum Beispiel ist ein stark ausgeprägtes steuerndes Eltern-Ich extrem hilfreich. Ein Ich-Zustand wird für gewöhnlich dann zu etwas Negativem, wenn man ihn übertreibt.

Wie gesagt stellen Transaktionen aus dem Eltern-Ich immer ein Beziehungsgefälle her – einer steuert, einer wird gesteuert. Das funktioniert gut, wenn es durch die hierarchischen Verhältnisse oder durch stille Vereinbarungen abgesichert ist. Eine solche stille

Vereinbarung kann zum Beispiel sein, dass man einen anderen als Experten anerkennt und ihm deshalb zubilligt, Anweisungen geben zu dürfen. Wenn man beispielsweise die Hotline des Softwareherstellers anruft, akzeptiert man ohne weiteres, wenn er sagt: »Jetzt gehen Sie mit dem Cursor auf den Menüpunkt Extras, klicken Sie dann den Punkt ...«, und so weiter. Der gleiche Satz vom eigenen Ehepartner kann verheerend sein. Wenn dann schließlich der Punkt erreicht ist, dass der Partner sagt: »Du musst schon auch machen, was ich dir sage, wenn ich dir helfen soll!«, ist der Abend wahrscheinlich gelaufen.

Mit dem gleichen Problem haben oft auch Leute zu tun, die mit Reklamationen umgehen müssen. Man stelle sich vor, ein Kunde rauscht total aufgebracht in die Firma, ist eindeutig im steuernden Eltern-Ich und will nur eines, nämlich dem Verkäufer jetzt mal klar machen, wo es langgeht und wer hier eigentlich König Kunde ist.

Der gut geschulte Verkäufer, der weiß, dass Freundlichkeit das oberste Gebot ist, will dem Kunden etwas Gutes tun und sagt betont entgegenkommend: »Setzen Sie sich doch erst einmal hin und trinken Sie eine Tasse Kaffee!« Das ist zwar nett gesprochen, aber nichtsdestoweniger aus dem steuernden Eltern-Ich. Was dadurch passiert, ist, dass der Verkäufer ungewollt in Konkurrenz tritt mit dem Kunden, der ja seinerseits im steuernden Eltern-Ich sein will. Der Kunde muss also, um das von ihm angestrebte Beziehungsgefälle aufrechtzuerhalten, noch weiter auftrumpfen: »Verdammt, ich komme doch nicht zum Kaffeetrinken hierher! Ich will, dass Sie endlich Ihre Arbeit tun, und zwar richtig!«

Das gut gemeinte Verhalten des Verkäufers löst so also leicht eine Eskalation aus. Die Maßnahme, Kaffee anzubieten, kann völlig richtig sein, nur der Ich-Zustand und das Beziehungsangebot dahinter waren falsch.

Eltern geben jedoch nicht nur Anweisungen, sondern sie kümmern sich auch um die Bedürfnisse der Kinder und sorgen für sie. Diesen Teil nennt die Transaktionsanalyse *fürsorgliches Eltern-Ich.*

Das fürsorgliche Eltern-Ich ist also der Ich-Zustand, aus dem heraus wir für andere sorgen, sie unterstützen, für andere mitdenken. Aus diesem Ich-Zustand heraus helfen wir einem überlasteten Kollegen weiter, fallen aber auch auf das Mitglied einer Drückerkolonne herein. Diese manipulative Art des Verkaufens zielt nämlich genau auf unsere Fürsorglichkeit. Das Häufchen Elend, das da in der Tür steht und mit sichtlicher Beschämung gesteht, gerade aus dem Gefängnis entlassen zu sein, gibt eigentlich folgende Botschaft: »Erweisen Sie sich nicht als herzlos! Sie haben jetzt die einmalige Chance, einen Gestrauchelten wieder auf den rechten Weg zu führen. Bitte rechts unten unterschreiben!«

Auch bei Transaktionen aus dem fürsorglichen Eltern-Ich kommt es zu einem Beziehungsgefälle. Einem Starken zu helfen macht ja auch keinen Sinn. Damit dieser Ich-Zustand ausgelöst wird, muss der andere klein sein – zumindest in den Augen desjenigen, der entschlossen ist, fürsorglich zu sein. Das fürsorgliche Eltern-Ich ist sozial akzeptiert und wird von den meisten Menschen spontan als sehr positiv eingeschätzt. Dass der Ich-Zustand auch seine negativen Seiten hat, weiß jeder, der sich schon einmal über die liebe Mama geärgert hat, die den längst erwachsenen Menschen drängt, sich ja warm genug anzuziehen, draußen sei es kalt, und vor dem Essen das Händewaschen nicht zu vergessen!

Diese Art von Überfürsorglichkeit gibt es in allen Lebenslagen, auch in der kalten Geschäftswelt. Da wird ein neuer Mitarbeiter eingearbeitet, der natürlich dankbar ist, dass ihm jemand die Vorgänge sehr ausführlich erklärt. Er freut sich auch darüber, dass der andere noch einmal vorbeikommt, sich erkundigt, ob man klarkommt – aber als das zum fünften Mal passiert, weicht die Freude einem Gefühl des Ärgers, und man denkt sich vielleicht: »Für wie blöd hält der mich eigentlich? So schwierig ist es jetzt auch wieder nicht!« Man fühlt sich klein gemacht, und das löst unter Umständen sehr rebellische Reaktionen aus. Darin besteht die Gefahr, wenn das fürsorgliche Eltern-Ich nicht der Situation angemessen ist.

Die Schwierigkeit, die sich ergibt, wenn jemand aus dem Eltern-Ich heraus mit einer anderen Person kommuniziert, ist also immer das Gefälle, das in der Eltern-Kind-Beziehung vorherrscht. Denn wenn man sich im Eltern-Ich-Zustand befindet, spricht man automatisch den Kind-Ich-Zustand des Gegenübers an. Die Eltern-

Figur ist stark, die Kind-Figur ist schwach. Dieses Beziehungsgefälle wird, wie oben gesagt, akzeptiert, wenn es entweder durch
Hierarchie oder durch spezielle Sachkompetenz abgesichert ist.
Das heißt, wenn der Experte zu bedenken gibt: »So kann man das
auf keinen Fall machen!«, wird auch der Chef mit dem Kopf ni-
cken, und wenn der Chef zum Mitarbeiter sagt: »So und so wird
es gemacht!«, ist das höchstwahrscheinlich auch in Ordnung.

Nicht in Ordnung ist es jedoch, wenn der Mitarbeiter versucht,
dem Chef Handlungsanweisungen zu geben. Im obigen Beispiel,
wo der Mitarbeiter schon im ersten Gespräch dem Vorgesetzten
sagt, was er gefälligst alles zu tun hat, wird die Beziehung dadurch
sofort erschwert. Denn wenn in so eklatanter Weise die Hierarchie
ignoriert wird, sind Machtkämpfe vorprogrammiert.

Bei den skizzierten Erstgesprächen findet sich auch ein Beispiel
für das fürsorgliche Eltern-Ich: Der Mitarbeiter, der sich solche
Sorgen um die Nöte seiner Kollegen macht. Doch wie wir gesehen
haben, birgt das fürsorgliche Eltern-Ich, obwohl es ein so men-
schenfreundlicher Zustand ist, seine Fallen. Eine der Schwierigkeiten ist, dass jemand, bei dem das fürsorgliche Eltern-Ich besonders
ausgeprägt ist, dazu neigt, sich um die Belange der anderen, der
Kollegen etwa, mehr zu kümmern als um die eigenen. Ein weiteres
Problem besteht darin, dass die »Bemutterten« die übertriebene
Fürsorglichkeit eines anderen als »Grenzüberschreitungen« emp-
finden können, denn nicht jeder schätzt es zu jeder Zeit, zu einem
Kind degradiert zu werden, um das man sich kümmern muss.

Beim Erwachsenen-Ich nimmt die Transaktionsanalyse keine
weitere Unterteilung vor, weil dessen Funktion klar ist: Es geht um
Informationsverarbeitung. In diesem Ich-Zustand sind die Gefühle
eher ausgeglichen, es gibt geringe emotionale Schwingungen. Im
Unterschied zu den beiden anderen Ich-Zuständen, die von Emotionalität geprägt sind, ist man im Erwachsenen-Ich ruhig, ausgeglichen und entspannt. Sobald es heftiger wird, hat man den Erwachsenen-Ich-Zustand verlassen, auch wenn man vielleicht etwas
anderes behauptet.

Das Erwachsenen-Ich ist ein idealer Ich-Zustand, um Probleme
wenig emotional und logisch zu analysieren. Das logische Denken
ist die größte Stärke des Erwachsenen-Ichs. Wohl aus diesem

Grund gab es häufig das Missverständnis, die Transaktionsanalyse hielte das Erwachsenen-Ich für den »besten« Ich-Zustand, denn jemand, dessen Erwachsenen-Ich stark ausgeprägt ist, ist vernünftig, rational, wenig emotional. Im Leben geht es jedoch keineswegs darum, immer rational zu sein. In der Liebe zum Beispiel wirkt Rationalität fürchterlich dämpfend. Statt eines hingerissenen »Du machst mich verrückt«, erklärt zu bekommen, dass Pheromone und Hormone ihre Wirkung zeigen, ist wahrscheinlich ein gutes Verhütungsmittel.

Doch auch im Geschäftsleben geht es keineswegs nur um Vernunft und Rationalität, und das gilt nicht nur in der Werbebranche. Mit Hilfe des Erwachsenen-Ichs sind wir imstande, Probleme zu analysieren, doch den Schwung, die Kreativität und die Disziplin, sie auch zu lösen, holen wir aus den anderen Ich-Zuständen.

Beim Kind-Ich-Zustand ist es sinnvoll, weitere Unterteilungen zu machen. Im Kind-Ich denken, fühlen und handeln wir so, wie wir es als Kinder in unterschiedlichen Situationen getan haben. Es gibt Zeiten und Gelegenheiten, wo das Kind keineswegs tun kann, wonach ihm der Sinn steht, wo es gar gehorchen muss, sich anpassen an das, was von ihm gefordert wird. Die Transaktionsanalyse spricht in diesem Zusammenhang vom *angepassten Kind.*

Der Ich-Zustand des angepassten Kindes wird von vielen Menschen häufig negativ eingeschätzt, denn niemand möchte die angepasste Marionette sein, die gut funktioniert. Jedem fällt spontan irgendein Kollege ein, der völlig verängstigt und überangepasst durch das Büro schleicht und den Mund nicht aufkriegt – oder, noch schlimmer, der Kollege, der eine breite Schleimspur hinterlässt, wenn er zum Chef kriecht. Die Überanpassung ist das negative Extrem des angepassten Kindes.

Auf der anderen Seite jedoch ist zu bedenken, dass keine Firma funktionieren würde, wenn Menschen nicht auch diesen Ich-Zustand zur Verfügung hätten. Pünktlich zu Terminen sein? Regeln einhalten? Arbeiten erledigen, die keinen Spaß machen? Das sind alles Sachen für angepasste Kinder. Darüber hinaus ermöglicht uns dieser Ich-Zustand, die meisten sozialen Situationen automatisch, ohne Nachdenken zu bewältigen. Denn das angepasste Kind hat alle Regeln abgespeichert.

Wie komfortabel es ist, automatisch richtig reagieren zu können, ohne jedes Mal das Erwachsenen-Ich einschalten zu müssen, um zu überprüfen, welches Verhalten jetzt adäquat wäre, merkt man erst dann so richtig, wenn es nicht mehr möglich ist. Dies ist der Fall, wenn man sich in einer fremden Kultur aufhält. Dann können selbst Kleinigkeiten lebenswichtig sein. Mir hat man eingeprägt: »Schau nach links, wenn du über die Straße willst, geh dann bis zur Mitte, schau nach rechts und geh dann erst weiter!« Mit dieser Methode habe ich problemlos überlebt, bis ich zum ersten Mal in England war. Ohne groß nachzudenken, wollte ich über die Straße gehen, links war auch alles wunderbar frei, doch auf meinen beherzten Schritt erfolgte ein Hupkonzert, begleitet von quietschenden Bremsen. Für solche Bagatellen wie das Überqueren einer Straße jedes Mal das Erwachsenen-Ich auf den Plan rufen zu müssen ist äußerst lästig. In alltäglichen sozialen Situationen nimmt uns das angepasste Kind sehr viel Arbeit ab.

Kinder sind jedoch nicht nur folgsam, sondern können ausgesprochen aufsässig reagieren: Die Kehrseite des angepassten Kind-Ich-Zustands ist deshalb der *rebellische Kind-Ich-Zustand*. Obwohl das Bild eines wutentbrannten Trotzkopfs den meisten Menschen ganz besonders kindlich oder auch kindisch erscheint, kommt dieser Zustand auch bei Erwachsenen erstaunlich häufig vor.

In diesem Ich-Zustand ist man unter anderem hochempfindlich gegen Ungerechtigkeiten aller Art und, im Gegensatz zum angepassten Kind, häufig auch sehr kreativ. Trotzdem sieht die Transaktionsanalyse das angepasste Kind und das rebellische Kind als die zwei Ausprägungen desselben Ich-Zustands, die Münze mit ihrer Kehrseite. Sie sind nämlich identisch darin, immer ein starkes Gegenüber zu brauchen, an dem sie sich orientieren – das angepasste Kind fügt sich, das rebellische Kind begehrt auf. Ohne dieses starke Gegenüber weiß der Rebell nicht genau, was er will, er weiß nur, was er nicht will.

Einer Teilnehmerin wurde das auf der Heimfahrt vom Seminar sehr klar. Im Seminar hatte sie erkannt, dass sie wohl ein stark ausgeprägtes rebellisches Kind-Ich hatte. Um nach Hause zu kommen, musste sie die Autofähre von Konstanz nach Meersburg benutzen, ging wie immer in den Aufenthaltsraum und zog sich, ebenfalls wie immer, als Erstes einen Stuhl heran, um ihre Füße darauf zu legen. Sie kam plötzlich mit ihrer neu gewonnenen Erkenntnis in Konflikt und fragte sich:»Mache ich das eigentlich, weil ich es wirklich bequemer so finde, oder mache ich es, weil man es nicht machen soll?« Da es ihr bis zum Ende der Fahrt nicht gelang, eine Antwort auf diese Frage zu finden, spricht einiges dafür, dass es eine rebellische Reaktion war.

Wer häufig im rebellischen Kind-Ich-Zustand ist, kann auf zwei Arten rebellisch sein: passiv rebellisch oder offen rebellisch. Wer passiv-rebellisch ist, sagt zu allem ja und amen, verhält sich aber keineswegs danach. Der passive Rebell sagt zum Beispiel einen bestimmten Termin zu, »vergisst« diesen dann aber leider. Konfrontiert man ihn damit, so ist er völlig zerknirscht, verspricht Besserung und ändert an seinem Verhalten gar nichts. Passive Rebellen sind sehr schwer greifbar, das macht den Umgang mit ihnen so schwierig. Offene Rebellen machen es einem insofern leichter, als man bei ihnen sofort weiß, woran man ist. Das größte Problem mit ihnen liegt darin, dass sie in der Gruppe, also vor Publikum am stärksten sind. Das kann schnell dazu führen, dass sie die Gruppe irritieren oder gar gegen vermeintliche Unterdrücker aufbringen.

Das rebellische Kind-Ich ist jedoch nicht nur der schwer zu bändigende, unerträgliche, jähzornige Mensch, der aus jeder Mücke einen Elefanten macht, sondern es hat auch seine positiven Seiten. Meist sind es die Rebellen einer Abteilung, die am schnellsten anzeigen können, dass irgendetwas nicht in Ordnung ist. Sie haben auch hochfeine Antennen für das Betriebsklima und sind mit ihrer Ablehnung des Althergebrachten manchmal der Motor für eine neue Entwicklung.

Es gibt noch eine weitere Form des Kind-Ich-Zustandes. Ein Kind erlebt ja auch Situationen, wo es spielt, tun und lassen kann, was es will. In Zeiten, wo das Kind, ohne Kontrolle durch Erwachsene, nur nach seinem Lustprinzip handelt, entsteht der Ich-Zustand des *freien Kindes*. Das freie Kind ist spontan, natürlich, immer auf der Suche nach etwas, das Spaß macht. Doch da es stark von seinem Lustprinzip geprägt ist, ist es auch egoistisch und egozentrisch. Es dreht sich nur um sich selbst und darum, was Spaß macht.

Menschen, die als Erwachsene noch ein starkes freies Kind-Ich besitzen, wirken auf andere oft faszinierend, denn sie sind sehr spontan, unterhaltsam, kreativ, für verrückte Überraschungen gut. Andererseits kann es mit ihnen schwierig werden, wenn sie nicht im Mittelpunkt stehen.

Sie können sich vollkommen in ihre Tätigkeit hineinversenken, und so wie ein Kind, das in sein Spiel vertieft ist, die Zeit völlig vergessen kann, mag auch ein Erwachsener mit ausgeprägtem freiem Kind-Ich Probleme mit der Zeit haben. Wer mit ihnen Termine macht, braucht unter Umständen viel Verständnis (oder ein gutes Nerven-Tonikum). Auch Regeln werden bei Bedarf außer Kraft gesetzt. Und ein Versprechen wie: »Ich mache das bis nächsten Freitag!« gilt vielleicht eher in der Lesart von: »Ich mache das bis nächsten Freitag, an dem ich Zeit und Lust dazu habe!« Meist hat man es jedoch mit gemäßigteren Formen des freien Kind-Ichs zu tun. In den Gesprächsbeispielen war es der letzte Mitarbeiter, der spontan und unbefangen reagiert, begeistert ist von seiner Aufgabe und den Eindruck vermittelt, viel Spaß zu haben. Während der Mitarbeiter des ersten Gespräches, der nur dasitzt und jammert, was alles, natürlich von anderen, getan werden müsste, ganz stark das angepasste Kind erkennen lässt, das auf die Anweisungen von anderen wartet.

Dass der Umgang mit jemandem, der sich im rebellischen Kind-Ich-Zustand befindet, schwierig ist, leuchtet ohne weiteres ein. Doch auch Menschen, die ein stark ausgeprägtes freies Kind-Ich besitzen, sind manchmal als Mitarbeiter nicht ganz einfach. Sie sind zwar meist angenehm, außerdem sehr einfallsreich und voller guter Laune, aber eben deshalb manchmal auch schwer in Schranken zu halten: Wenn sie von etwas begeistert sind, stürmen sie vorwärts. Andererseits verlieren sie leicht die Lust, wenn unvorhergesehene Probleme auftauchen.

Und auch die Mitarbeiter, die ein stark ausgeprägtes angepasstes Kind-Ich zeigen, sind oft gerade durch die Überanpassung eine Geduldsprobe für jede Führungskraft, denn sie sind zwar sehr willig, wenn man ihnen ganz genau sagt, was sie zu tun haben, geraten aber leicht in Panik, wenn die Situation es erfordert, dass sie selbstständige Entscheidungen treffen müssen. Außerdem nimmt ihr Auftreten manchmal die Form des ängstlichen Bedenkenträgers an: Auch das ist nicht immer leicht zu ertragen.

Der Umgang mit den verschiedenen Persönlichkeitstypen

Fangen wir mit dem vielleicht schwierigsten Fall an. Mitarbeiter, die ein ausgeprägtes kontrollierendes Eltern-Ich haben, sind außerordentlich schwer zu führen, denn sie erkennen ihren Vorgesetzten nicht als Führungskraft an, sind sich gerne selbst »Vorarbeiter«.

Solche leidvollen Erfahrungen machte ein Manager, der innerhalb eines großen Konzerns zum Chairman einer Tochterfirma ernannt wurde. »Chairman« war definiert als Erster unter Gleichen. Einer seiner Mitstreiter, bedeutend jünger und aggressiver als er, konterkarierte alle seine Anweisungen, stellte alles, was von ihm kam, infrage, wusste alles besser und inszenierte einen heftigen Machtkampf mit ihm, in dessen Verlauf der Jüngere den Älteren bei einer Konfrontation sogar einmal niederbrüllte. Das Ende vom Lied war, dass die Business Unit, in der mehrere kleine Firmen des Unternehmens zu einer Einheit zusammengefasst waren, schließlich zerschlagen wurde.

Der Fehler des älteren Managers war, den Machtkampf viel zu spät aufgenommen zu haben, in der Hoffnung: »Das wird sich schon noch alles regeln.« Doch aufgrund der Persönlichkeitsstruktur seines Rivalen – zu dem starken kontrollierenden Eltern-Ich-Anteil des Jüngeren kam noch ein gering ausgeprägtes angepasstes Kind-Ich hinzu – ließ sich der Konflikt schwer lösen. Der Mitarbeiter setzte sich über Höflichkeitsformen hinweg und verhielt sich in einer Art und Weise, mit der der Ältere nicht umgehen konnte.

In einem solchen Fall ist es sinnvoll, so früh wie möglich die Machtverhältnisse eindeutig klarzustellen, auch auf die Gefahr hin, einen Konflikt zu provozieren, der früher oder später sowieso kommt. Wenn man es mit einem Mitarbeiter zu tun hat, der häufig im kontrollierenden Eltern-Ich-Zustand ist, darf man auf gar keinen Fall einen Konflikt scheuen, der sich zu einem etwas späteren

Zeitpunkt verschärft. Je schneller für klare Verhältnisse gesorgt wird, desto besser ist es.

Befindet sich jemand bevorzugt im fürsorglichen Eltern-Ich-Zustand, so sollte man sich darauf gefasst machen, dass derjenige ebenfalls gerne kämpft, allerdings nicht für sich, sondern für all die anderen armen Geschöpfe, die seiner Fürsprache bedürfen. Menschen, die viel fürsorgliches Eltern-Ich besitzen, tun gerne Anderen Gutes, mitunter auch Leuten, die davon weder wissen, geschweige denn, es wollen! Doch da sie für andere gerne zum Löwen werden, werden sie auch häufig vorgeschickt in Missionen, an denen sich niemand sonst die Finger verbrennen will, und so fallen sie leider auch der einen oder anderen Intrige zum Opfer. Wenn ein Vorgesetzter merkt, dass sich jemand überfürsorglich verhält, sollte er versuchen, ihn zu bremsen: »Es ist schön, dass Sie sich so für andere einsetzen, aber kehren wir doch zu Ihnen zurück ...«

Ein weiteres Problem, das durch falsch verstandene Fürsorglichkeit verursacht wird, ist das Vertuschen von Minderleistungen eines Kollegen. Ein Mitarbeiter hielt zum Beispiel permanent einem Kunden gegenüber nicht die vereinbarten Termine ein, weil er mit diesem speziellen Auftrag Schwierigkeiten hatte. Er ließ sich von einer freundlichen Kollegin, die ihn nicht bloßgestellt sehen wollte, am Telefon verleugnen. Darüber hinaus erfand sie die abenteuerlichsten Ausreden für ihn. In einem solchen Fall muss der Vorgesetzte klar machen, dass diese Form der falsch verstandenen Kollegialität letztlich zum Schaden aller ist.

Am wenigsten Probleme verursacht vermutlich der Umgang mit Mitarbeitern, die überwiegend im Erwachsenen-Ich-Zustand sind. Sie sind sachlich, wenig emotional, aus diesem Grund manchmal vielleicht ein bisschen langweilig, von Begeisterungsfähigkeit ist nicht viel zu spüren. Wenn solche Mitarbeiter Teil eines sehr emotionsgeladenen Teams sind, ist es die Aufgabe der Führungskraft, dafür zu sorgen, dass sie in dem Team eingebunden bleiben.

Hat man die Aufgabe, einen Mitarbeiter zu führen, dessen angepasstes Kind-Ich sehr stark ausgeprägt ist, so muss man sehr viel Ermutigung geben. Denn jemand, der leicht in die Überanpassung geht, hat so viel Angst, etwas falsch zu machen, dass er im Zweifelsfall lieber gar nichts tut. Das kann, wie im folgenden Beispiel, fatale Folgen haben.

Ein LKW-Verkäufer verhandelte mit einem Kunden über den Preis von 16 LKW und hatte den Spielraum dessen, was er dem Kunden an Zugeständnissen machen konnte, seinen Befugnissen gemäß, schon zur Gänze ausgenutzt. Der Verkauf stand unmittelbar vor dem Abschluss, da erbat sich der Kunde noch ein Entgegenkommen im Wert von 200 Mark. Der überangepasste Verkäufer geriet in ein fürchterliches Dilemma, denn diese 200 Mark lagen außerhalb seines Entscheidungsspielraumes, und da er weder seinen Verkaufsleiter noch den Gebietsleiter telefonisch erreichen konnte, schlug er dem Kunden, aus lauter Angst, etwas falsch zu machen, die Bitte ab, was den Kunden, verständlicherweise bei der Höhe des Auftrages, so verärgerte, dass er das Geschäft platzen ließ.

Falls der Mitarbeiter den Tobsuchtsanfall seines Chefs, dem er zweifellos ausgesetzt war, überlebt hat, wurde ihm hinterher hoffentlich sehr viel Ermutigung zuteil, sich künftig eigene Entscheidungen zuzutrauen. Solche Mitarbeiter brauchen immer wieder die Gewissheit, dass sie auch einmal Fehler machen dürfen (wenn auch vielleicht nicht gerade solche wie im obigen Beispiel), dass es nicht das Todesurteil bedeutet, etwas falsch zu machen. Sie müssen lernen, selbstständig Verantwortung zu tragen, ohne immer auf Absegnung von oben angewiesen zu sein. Wann immer man das als Chef kann, ohne aus seinem Herzen eine Mördergrube zu machen, sollte man diesen Mitarbeitern Wertschätzung zeigen.

Die Wertschätzung ist auch das beste Mittel, um die Rebellen zu zähmen. Selbstverständlich nur ernst gemeinte Wertschätzung, denn alles andere wird gespürt und führt nur zu einer Verschlechterung der Beziehung. Hat man darüber hinaus Humor in die Waagschale zu werfen, sodass man den Rebellen gelegentlich zum Lachen bringen kann, ist die Lage deutlich entschärft. Mitarbeiter, die einen hohen Anteil an rebellischem Kind-Ich haben, stecken viel Kreativität und Energie in das Dagegensein. Das ist natürlich lästig, vor allem, wenn sie damit auch noch andere aufwiegeln. Doch man sollte auf gar keinen Fall den Fehler machen, sich vom Rebellen in kleine Kämpfe verstricken zu lassen. Besser ist es, das eigene freie Kind zu aktivieren und mit Witz auf Provokationen zu reagieren. Das gelingt leichter, wenn man sich klar macht, dass man als Vorgesetzter eigentlich immer nur die Projektionsfläche für den Rebellen ist, er kennt den Menschen hinter der Funktion ja oftmals gar nicht.

Gerade in Berufen, die sehr viel Kreativität erfordern, trifft man natürlich auf Menschen, die einen hohen Anteil an freiem Kind-Ich haben, und auch mit diesen kann man als Führungskraft das eine oder andere Problem haben, denn welches Kind hält sich schon gerne und dauerhaft an Regeln? Arbeitszeiten, Pünktlichkeit, Abgabetermine? Kleinkariertes Schemadenken! Für die Führungskraft bedeutet das die stetige Gratwanderung, wie weit man dem »kreativen Chaos«, damit aber auch der Schaffensfreude und dem Einfallsreichtum Rechnung tragen kann und wo regulierend gemahnt werden muss. Des Weiteren ist es wichtig, die Vorschläge, die ein »freies Kind« macht, und die Vereinbarungen, die es eingeht, immer kritisch im Auge zu behalten, denn ein solcher Mitarbeiter ist zwar begeisterungsfähig und flexibel, dafür geht ihm manchmal etwas der Realitätssinn ab.

Im ersten Gespräch hat man natürlich noch keine Möglichkeit der Intervention, jedoch ist es hilfreich, sich in Gedanken oder nach dem Gespräch auch schriftliche Notizen zu machen und sich darüber im Klaren zu sein, dass jeder anders geführt werden muss. Wenn man sich zu den einzelnen Mitarbeitern etwas aufschreiben will, kann man sich auch noch eines weiteren Instrumentes der Transaktionsanalyse bedienen. Man kann von jedem Mitarbeiter, mit dem man gesprochen hat, ein so genanntes *Egogramm* erstellen.

Das Egogramm stellt dar, wie ausgeprägt die verschiedenen Ich-Zustände bei dem jeweiligen Menschen sind, denn bei jedem Menschen sind alle Ich-Zustände vorhanden. Am Egogramm sieht man sehr schön, welches der oder die vorherrschenden Ich-Zustände sind, die dieser Mensch in der Kommunikation mit anderen einsetzt, und zwar nur in der Kommunikation mit anderen – denn das Egogramm sagt nichts darüber aus, welche Ich-Zustände im inneren Dialog hauptsächlich zum Zuge kommen.

Man erstellt ein Egogramm in Form eines Balken-Diagrammes.

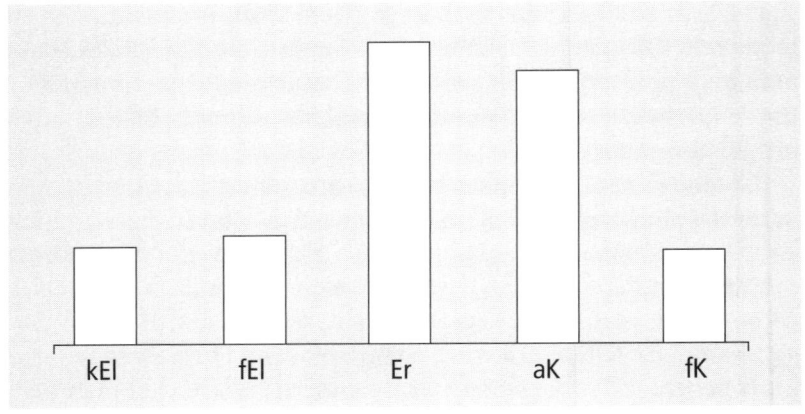

Grafik 4
Egogramm eines vernünftigen, aber nicht führungstauglichen Menschen

Wird viel von einem Ich-Zustand gezeigt, ist der Balken hoch; ist der Ich-Zustand wenig ausgeprägt, ist der Balken entsprechend niedriger.

Jemand mit einer solchen Struktur, wie sie das Egogramm aus Grafik 4 zeigt, hat einen klaren Kopf und erledigt seine Arbeit auf vernünftige Art und Weise, ist aber überhaupt nicht tauglich für Führungspositionen. Um die Führungsrolle gut zu spielen, muss man bereit sein, auch den Eltern-Ich-Zustand zu besetzen, denn der ist nötig, um Anweisungen zu geben. Außerdem sollte man Begeisterungsfähigkeit besitzen, und die kommt aus dem freien Kind-Ich.

Ein starkes angepasstes Kind-Ich und ein ausgeprägtes kontrollierendes Eltern-Ich, wie in Grafik 5, schließen sich nicht gegenseitig aus, nur auf den ersten Blick widersprechen sich diese beiden Ich-Zustände. Ein gutes Beispiel für ein solches Egogramm ist jemand, der als Abteilungsleiter gerne den Tyrannen gibt, beim Vorstand jedoch auf Zwergengröße schrumpft. Das Grundprinzip solcher Verhaltensweisen ist immer das gleiche: Werden die anderen als schwächer erlebt, werden sie herumkommandiert, scheinen sie jedoch stärker zu sein, geht solch ein Mensch in die Anpassung.

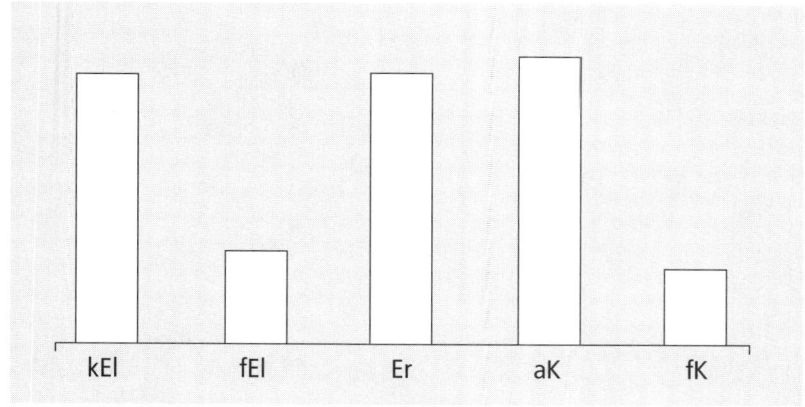

Grafik 5
Als Abteilungsleiter ein Tyrann – gegenüber dem Vorstand ein Zwerg

Ein Mensch, auf den das Egogramm aus Grafik 6 passt, könnte sich leicht den Titel »Mutter/Vater der Nation« verdienen. Durch den hohen Anteil an fürsorglichem Eltern-Ich neigt dieser Mensch dazu, sich stark für andere einzusetzen, und da das freie Kind so wenig ausgeprägt ist, ist klar, dass »Egoismus« nur sehr schwach vorhanden ist, die eigenen Belange also eher hintangestellt werden. Denn dass wir es uns selbst gut gehen lassen, dafür sorgt nicht das fürsorgliche Eltern-Ich, sondern das freie Kind.

Wenn man ein wenig Übung hat im Erkennen von Ich-Zuständen, ist es sehr interessant, intuitiv das Egogramm seines Gegenübers zu erstellen. In meinen Seminaren machen die Teilnehmer gelegentlich die Egogramm-Übung miteinander, nachdem sie sich zwei Stunden kennen. Sie sind immer wieder verblüfft darüber, wie stimmig sie von Wildfremden eingeschätzt werden.

Ein Egogramm zu erstellen kann auch dann sehr interessant und hilfreich sein, wenn man merkt, dass man als Führungskraft mit einem Mitarbeiter immer wieder Schwierigkeiten hat, ohne recht fassen zu können, warum das eigentlich so ist. Und zwar sollte man ein Egogramm des Mitarbeiters machen und eines von sich selbst und dann einmal überlegen, wie die beiden miteinander kor-

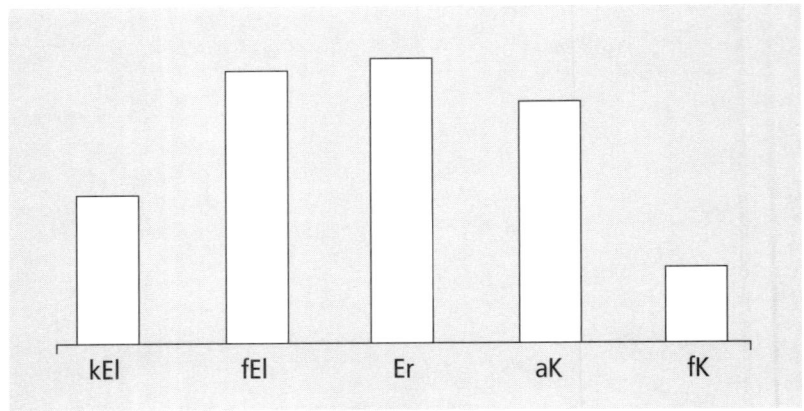

Grafik 6
Mutter bzw. Vater der Nation

respondieren. Treffen da zwei Rebellen aufeinander? Oder ein stark kontrollierendes Eltern-Ich auf ein freies Kind? Vielleicht wird so sehr schnell klar, dass diese Schwierigkeiten etwas mit der Persönlichkeitsstruktur zu tun haben.

Transaktionen

Wir sind immer noch bei den ersten Einzelgesprächen, die die neue Führungskraft mit den Mitarbeitern durchführt. Diese ersten Gespräche sind besonders wichtig, denn wie Sie ja bereits wissen, sind die ersten Transaktionen von entscheidender Bedeutung für den weiteren Verlauf der Kommunikation.

Und damit kommen wir zu einem weiteren Schlüsselbegriff der Transaktionsanalyse, den *Transaktionen*. Es gibt verschiedene Formen von Transaktionen, und es gibt drei Regeln, den Austausch von Transaktionen betreffend, die das Verständnis von Kommunikationsprozessen erheblich erleichtern.

Die drei Kommunikationsregeln

Schauen wir uns zunächst die Transaktionen an: Eine Transaktion besteht immer aus Stimulus und Reaktion: A stimuliert einen bestimmten Ich-Zustand, B reagiert darauf aus einem Ich-Zustand, entweder aus dem angesprochenen oder aus einem anderen. Wir können gar nicht anders, als uns gegenseitig durch unsere Kommunikation zu beeinflussen, denn wir sprechen immer bestimmte Ich-Zustände an.

Ob der angesprochene Ich-Zustand auch reagiert oder nicht, verstehen wir besser, wenn wir das *Energie-Modell* zu Hilfe nehmen. Es erklärt die Faktoren für die Reaktion bestimmter Ich-Zustände.

Das Energie-Modell geht von folgender Annahme aus: Jeder Mensch hat, individuell unterschiedlich, in jedem einzelnen Ich-Zustand eine Grund-Energieladung. Diese Grund-Energieladung

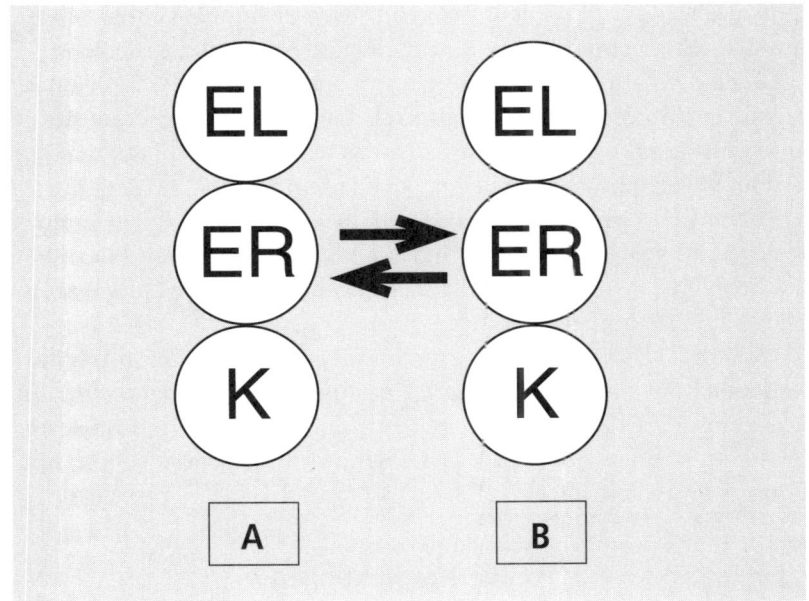

Grafik 7
Eine Transaktion zwischen A und B

spiegelt sich in unserem Egogramm und wurde weitgehend in unserer Kindheit festgelegt: Je nachdem, welche Ich-Zustände damals erlaubt oder gefördert waren, haben sie sich mehr oder weniger ausgeprägt entwickelt.

Die vorhandene Grund-Energie in einem Ich-Zustand kann durch Ansprechen dieses Ich-Zustandes erhöht werden. Wenn dabei ein gewisser Schwellenwert überschritten wird, hat das zur Folge, dass dieser Ich-Zustand aktiviert wird. Dieser Schwellenwert ist bei jedem Menschen und bei jedem Ich-Zustand unterschiedlich.

Ein überangepasster Mitarbeiter zum Beispiel hat eine hohe Grund-Energie im angepassten Kind-Ich-Zustand. Sagt der Vorgesetzte nun zu diesem Mitarbeiter etwas, das auch nur entfernt nach Wunsch klingt, etwa: »Irgendwann sollten wir vielleicht doch einmal die Ablage neu ordnen.«, kann es sein, dass der Mitarbeiter diese Äußerung als Aufforderung missversteht und sich entweder wortreich rechtfertigt, warum die Ablage ist, wie sie ist, oder sofort anfängt, indem er Prioritäten ignoriert, sich ein neues Ablagesystem zu überlegen. Das heißt, ein ganz kleiner Impuls genügt schon, um den Ich-Zustand des angepassten Kindes in Gang zu setzen.

Bei einem anderen Mitarbeiter mit sehr niedriger Grund-Energieladung im angepassten Kind-Ich kann der Vorgesetzte unter Umständen klar und deutlich anordnen, dass die Ablage neu geordnet werden muss, und er tut es trotzdem nicht.

Sicherlich kennt jeder Menschen, die ein hoch energiegeladenes freies Kind-Ich haben: Es genügt ein kleiner Scherz, und man hat ein Problem, sie je wieder ernst zu kriegen, nach einer halben Stunde blödeln sie immer noch herum.

Jemand, der sehr viel Energie im fürsorglichen Eltern-Ich hat, kann leicht in einen Zustand der Überforderung geraten, wenn ihn nur genügend Leute ansprechen mit den Worten: »Ich habe ein Problem, könnten Sie nicht ...« Dieser Stimulus genügt schon, und er muss einfach helfen.

Parallel-Transaktionen

Durch Transaktionen versuchen wir, einen bestimmten, von uns gewünschten Ich-Zustand in unserem Gegenüber zu aktivieren.

Durch die Frage aus dem Erwachsenen-Ich: »Wie spät ist es eigentlich?« animieren wir unser Gegenüber zu der Reaktion aus dem Erwachsenen-Ich: »Es ist 12.17 Uhr.«

Wenn es uns gelingt, den Energielevel des angesprochenen Ich-Zustands über den Schwellenwert zu bringen, wird der andere auch entsprechend reagieren: Diesen Prozess nennt die Transaktionsanalyse *Parallel-Transaktionen*.

Bei Parallel-Transaktionen sind insgesamt nur zwei Ich-Zustände beteiligt. Jeder gibt Energie ab, in dem er einen Stimulus gibt, doch dadurch, dass der andere reagiert, bekommt er auch Energie zurück, so entsteht ein Kreislauf sich verstärkender Ich-Zustände.

Dieses Modell erklärt auch, warum man zum Beispiel bei überangepassten Mitarbeitern viel stärker als bei anderen den Impuls hat, klare Handlungsanweisungen zu geben. Gibt man diesem Impuls allerdings nach, wird jenes Verhaltensmuster immer weiter verstärkt. Das ist das Problem vieler stark autoritärer Führungskräfte, die aus dem eigenen kontrollierenden Eltern-Ich ihre Mit-

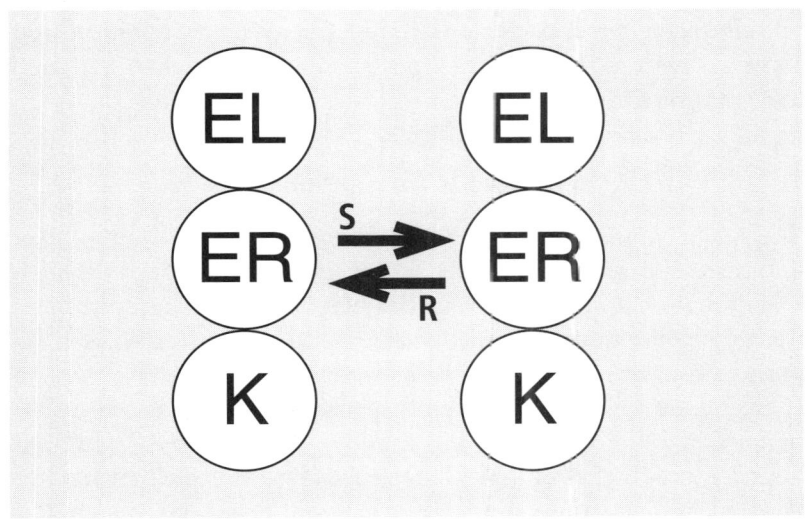

Grafik 8
Parallel-Transaktion

arbeiter ständig im angepassten Kind-Ich ansprechen und sich dann darüber beklagen, nur Mitarbeiter zu haben, die keine eigenständigen Entscheidungen treffen können und keine Verantwortung tragen wollen. Beides müsste aber aus dem Erwachsenen-Ich kommen, und das wird niemals angesprochen. Umgekehrt funktioniert das aber natürlich auch. Stark angepasste Mitarbeiter, die selbst immer das kontrollierende Eltern-Ich des Chefs »erwischen«, wundern sich über den einen Kollegen, der mit dem Chef ganz anders reden kann, weil er ganz anders auf ihn zugeht.

Wenn wir uns den geschilderten Mechanismus vergegenwärtigen, haben wir auch schon die erste Kommunikationsregel der Transaktionsanalyse verstanden, die lautet:

> **Bei Parallel-Transaktionen ist die Kommunikation im Fluss,**
> **sie kann endlos so weitergehen.**

Die Tatsache, dass der Vorgang der Kommunikation ungestört ist, sagt allerdings überhaupt nichts aus über deren Qualität. Alle Beschreibungen der Transaktionsanalyse über Kommunikation sind nicht als wertende Kategorien zu verstehen, sie stellen lediglich dar, was vor sich geht.

Gekreuzte Transaktionen

Wie gesagt, nur dass die Kommunikation endlos so weitergehen könnte, heißt noch lange nicht, dass sie auch gut ist, so wie sie ist, und deshalb hat man manchmal den Wunsch, sie zu unterbrechen. Das geschieht, indem man den Ich-Zustand wechselt, die Transaktionsanalyse spricht dann von *gekreuzten Transaktionen*.

Wenn auf die Frage aus dem Erwachsenen-Ich an das Erwachsenen-Ich: »Wie spät ist es eigentlich?« die erboste Antwort erfolgt: »Kauf dir endlich eine Uhr, verflixt, und stör mich nicht dauernd mit deiner Fragerei nach der Uhrzeit!«, hat das Gegenüber keineswegs aus dem angesprochenen Ich-Zustand reagiert. Der Angesprochene hat seine Energie offenbar im kontrollierenden El-

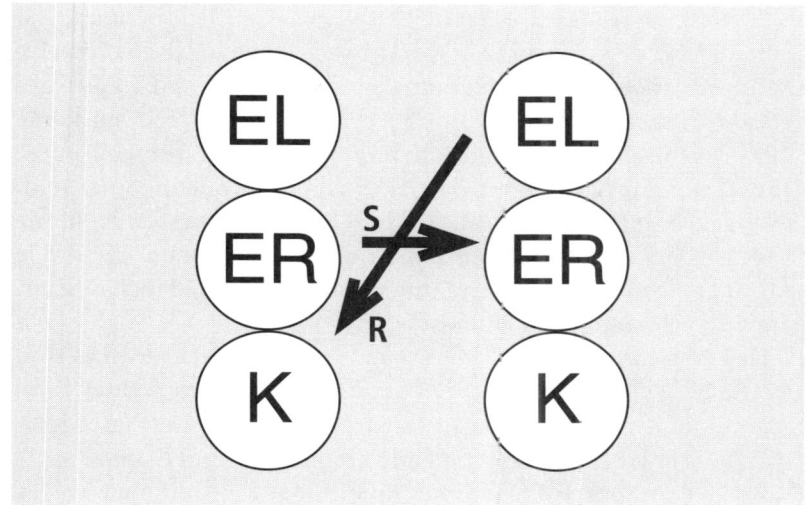

Grafik 9
Gekreuzte Transaktion

tern-Ich, mit dem er das angepasste Kind des anderen anspricht. Es kommt zu einem, zumindest kurzfristigen, Bruch in der Kommunikation.

Die zweite Kommunikationsregel der Transaktionsanalyse besagt:

> **Bei gekreuzten Transaktionen bricht die Kommunikation zunächst einmal zusammen.**

In dem oben skizzierten kurzen Gespräch gibt es zwei Angebote: Erwachsenen-Ich spricht das Erwachsenen-Ich an, und kontrollierendes Eltern-Ich kommuniziert mit dem angepassten Kind, und die beiden Gesprächspartner müssen sich jetzt entscheiden, wie die Kommunikation weitergehen soll. Wenn sich der Fragende entschuldigt, also aus dem angepassten Kind reagiert, ist die Transaktion wieder parallel, und es könnte auch parallel weitergehen.

Gekreuzte Transaktionen heißen so, weil sie sich in den meisten Fällen kreuzen, wenn man die Transaktionen grafisch darstellt. Das muss aber nicht unbedingt der Fall sein. Es gibt auch gekreuzte Transaktionen, die in der grafischen Darstellung keine Überkreuzung bilden. Ein sichereres Anzeichen für gekreuzte Transaktionen ist, dass mehr als zwei Ich-Zustände im Spiel sind. Denn gekreuzt ist die Transaktion zum Beispiel auch, wenn auf die Frage aus dem Erwachsenen-Ich an das Erwachsenen-Ich: »Wie spät ist es eigentlich?« lachend die Antwort erfolgt: »Höchste Zeit, dass du mich zum Essen einlädst!«

Das ist zwar grafisch parallel, wie Grafik 10 zeigt, doch es sind vier statt zweier Ich-Zustände beteiligt. Wir haben wieder zwei Kommunikationsangebote: Entweder nennt der Gefragte doch noch die Uhrzeit, oder der Fragende kommt mit zum Essen.

Auch gekreuzte Transaktionen sind, für sich genommen, weder gut noch schlecht, es kommt immer auf die Situation an. Erinnern wir uns an die oben geschilderten Erstgespräche, als der neue Chef es mit einem Mitarbeiter zu tun hatte, der offensichtlich gewohnt war, ganz viel aus dem kontrollierenden Eltern-Ich-Zustand zu

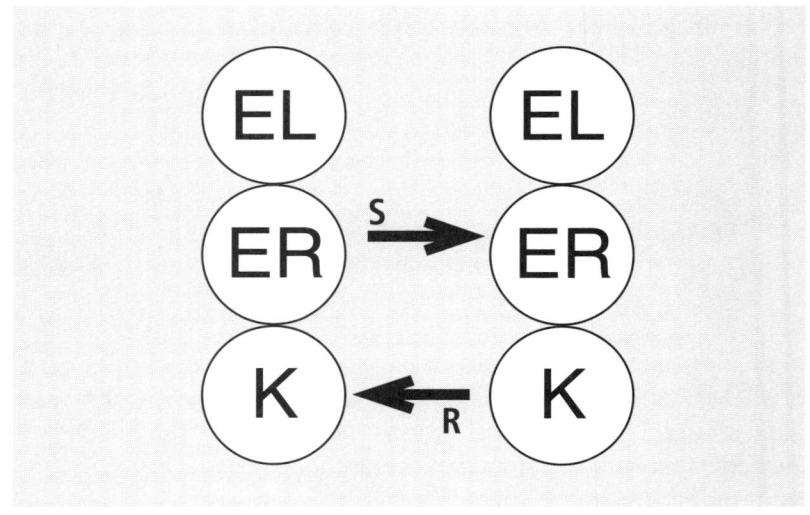

Grafik 10
Hier sind mehr als zwei Ich-Zustände im Spiel

kommunizieren. Wenn der Vorgesetzte hätte vermeiden wollen, dass es gleich im allerersten Gespräch zu einer Konfrontation kommt, wäre es sicherlich keine gute gekreuzte Transaktion gewesen, wenn er nun seinerseits in den kontrollierenden Eltern-Ich-Zustand gewechselt hätte. Er hätte sich an einem Machtkampf beteiligt, bei dem er sehr massiv hätte reagieren müssen, um sicher zu sein, dass er sich auch durchsetzt, und es wäre vielleicht grundlos zu einer Eskalation gekommen. Eine sinnvolle gekreuzte Transaktion wäre zum Beispiel der Wechsel in den Erwachsenen-Ich-Zustand gewesen. Der Chef hätte Fragen zur Arbeit des Mitarbeiters stellen können, die dessen Erwachsenen-Ich-Zustand stimulieren. Möglicherweise reicht das ja schon aus, dem Mitarbeiter klar zu machen, dass da niemand sitzt, den er dirigieren kann.

Gekreuzte Transaktionen können hilfreich oder destruktiv sein, das liegt immer am jeweiligen Kontext. Veränderungen in der Kommunikation liegen jedoch immer an gekreuzten Transaktionen, weil plötzlich noch andere Ich-Zustände ins Spiel kommen.

Verdeckte Transaktionen

Neben den Parallel- und den gekreuzten Transaktionen gibt es noch eine dritte Art von Transaktionen, die verdeckte Transaktion. Wieder fragt jemand nach der Uhrzeit, doch diesmal ist es der Chef, der mit ärgerlicher Stimme wissen will: »Sagen Sie mal, wie spät ist es eigentlich?«, und der Mitarbeiter, der zum x-ten Mal zu spät kommt, antwortet gereizt: »Ich weiß schon, es ist mal wieder viertel nach acht!«

Wenn man Frage und Antwort pur betrachtet, sieht es nach Erwachsenen-Ich an Erwachsenen-Ich aus, doch das ist natürlich nicht der Fall, wenn man Tonfärbung und Mimik mit einbezieht. Der Chef will kritisieren, macht das aber nicht offen. Seine eigentliche Botschaft lautet: »Es ärgert mich gewaltig, dass Sie andauernd zu spät kommen, und wenn sich da nicht bald etwas ändert, platzt mir der Kragen!«

Der Mitarbeiter reagiert auch nicht offen, sondern teilt auf der verdeckten Ebene mit, was er von der Haltung seines Chefs hält:

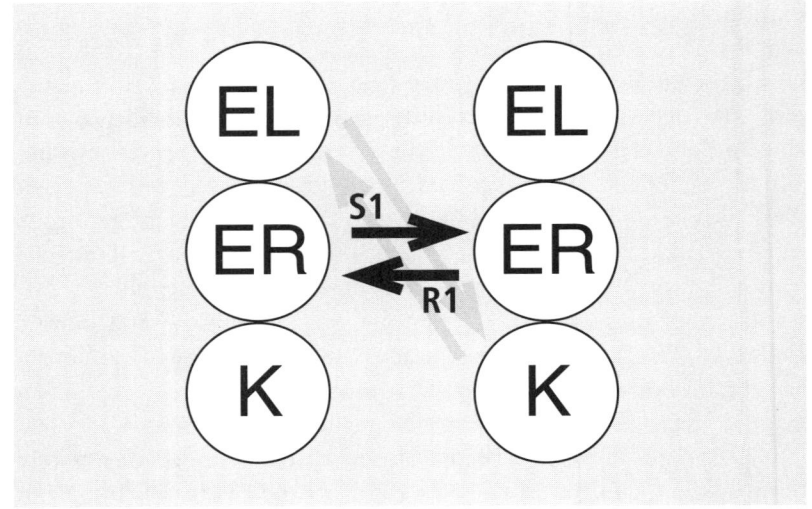

Grafik 11
Verdeckte Transaktion

»Lass mich doch in Ruhe, du alter Sklaventreiber, mit deinem kleinkarierten und pingeligen Getue ...«

Was hier passiert ist, nennt die Transaktionsanalyse verdeckte Transaktionen, und zu diesen gehört die dritte Kommunikationsregel:

Bei verdeckten Transaktionen ist immer die verdeckte Ebene die entscheidende!

Doch am obigen kleinen Beispiel wird auch der Nutzen von verdeckten Transaktionen ganz klar: Die *eigentliche* Botschaft des Mitarbeiters an seinen Chef hätte Folgen, die *verdeckte* Transaktion kann jener vielleicht gerade noch hinnehmen. Doch selbst wenn er es nicht tut und vielleicht mit den Worten reagiert: »Nun werden Sie nicht auch noch unverschämt!«, kann der Mitarbeiter zur Not immer noch auf die offene Ebene zurückgreifen und versuchen, so harmlos wie möglich zu sagen: »Sie wollten doch die Uhrzeit wissen.«

Unser Alltag ist voll von verdeckten Transaktionen. Wir benutzen sie in den verschiedensten Situationen, zum Beispiel, um nicht zu dominant zu sein. Wenn der Vorgesetzte fragt: »Könnte mal jemand das Fenster öffnen?«, dann ist das natürlich eine verdeckte Anweisung, die auch so verstanden wird. Würde er das immer offen machen, würde er im Laufe des Tages sehr viele Anweisungen geben und dadurch sehr dominant werden. Auch im Supermarkt ist es weniger dominant, zu sagen: »Könnten Sie wohl ein Stück zur Seite gehen, damit ich an das Regal herankomme?«, als die Aufforderung: »Rücken Sie mal ein Stück!«

Alle Menschen benutzen verdeckte Transaktionen. Besonders im ersten Gespräch mit neuen Mitarbeitern ist es wichtig, auf verdeckte Transaktionen zu achten, weil hier häufig auf der verdeckten Ebene Wünsche, Warnungen oder gar Drohungen ausgesprochen werden. Nimmt man das rechtzeitig wahr, lässt sich mancher spätere Konflikt vermeiden. Jemand möchte vielleicht gerne sein »Naturschutzgebiet« bei der Arbeit erhalten. Das ist sein geschütztes Areal, wo in seinen Augen kein anderer etwas verloren hat. Dieser Mitarbeiter betont wahrscheinlich gleich zu Beginn, wie wichtig seine Arbeit auf diesem Gebiet ist, welch ein Experte er da inzwischen ist und wie entsetzlich schief es ging, als der vorherige Chef ihm da hineinreden wollte. Die verdeckte Botschaft lautet ganz klar: »Halten Sie sich da raus, oder wir bekommen auch Ärger!«

Man hat verschiedene Möglichkeiten, um mit diesen verdeckten Transaktionen umzugehen. Entweder spielt man das Spiel mit und kommuniziert seinerseits auf der verdeckten Ebene, oder man deckt sie auf. Das könnte im obigen Beispiel so aussehen: »Verstehe ich Sie richtig, dass ich Sie in Ihrem Arbeitsgebiet in Ruhe lassen soll?« Durch diese Intervention wird die verdeckte Ebene offen, und damit kann man sie auch direkt besprechen. Oder es passiert etwas anderes: Der Mitarbeiter leugnet, so etwas gemeint zu haben, dann muss er auf die verdeckte Ebene verzichten, und damit verliert sie stark an Wirksamkeit!

Eine weitere Möglichkeit wäre der bewusste Bruch mit der dritten Kommunikationsregel (die verdeckte Ebene ist immer die entscheidende), indem man ganz einfach nur auf die offene Ebene reagiert. Diese Möglichkeit zu nutzen ist besonders interessant, wenn man es mit verdeckten provokativen Fragen zu tun hat. Hat ein neuer Chef beispielsweise die Branche gewechselt und wird von einem Mitarbeiter gefragt: »Haben Sie eigentlich schon mal in unserer Branche gearbeitet?«, was auf der verdeckten Ebene heißen sollte: »Was wollen Sie eigentlich hier, Sie haben doch keine Ahnung von unserem Job!«, so braucht er darauf nicht mit langen Erklärungen zu antworten, sondern mit einem kurzen »Nein«. Das kann er vielleicht noch ergänzen durch die Zusatzfrage: »Welche Bedeutung hat das denn für Sie?« Durch das Ignorieren der verdeckten Ebene kommt es in den meisten Fällen dazu, dass sie entweder offen gelegt oder fallen gelassen wird. Da man keine sichtbare Wirkung damit erzielt, kann man auch auf sie verzichten.

Wie für die gekreuzten und die Parallel-Transaktionen gilt auch für die verdeckten Transaktionen, dass sie an und für sich weder gut noch schlecht sind, es kommt immer darauf an, wie sie eingesetzt werden. Sie können sehr manipulativ oder einfach nur Ausdruck von Höflichkeit sein. Oftmals setzen wir verdeckte Transaktionen ein, um uns selbst zu schützen, wenn wir jemanden angreifen wollen, damit wir im Fall des Falles immer noch eine Rückzugsmöglichkeit haben, wenn der Gegner stärker oder gewitzter sein sollte, als wir dachten.

Wir nutzen verdeckte Transaktionen aber auch dazu, den anderen das Gesicht wahren zu lassen, wenn uns eine offene Aussage als zu brutal erschiene. Und nicht zuletzt halten wir verdeckte Transaktionen besonders dann für angebracht, wenn die Situation heikel werden könnte: »Hast du Lust, noch auf einen Kaffee mit zu mir zu kommen?« ist ganz unverfänglich, mit einem offenen: »Ich möchte mit dir schlafen!« handelt man sich womöglich eine Ohrfeige ein!

Eine Sonderform der verdeckten Transaktionen sind die so genannten *Tangential-Transaktionen*, die sich nicht am Ich-Zustand orientieren, sondern am Inhalt. Sie heißen so, weil sie am Thema nur entlangstreifen, wie die Tangente am Kreis.

Sie berühren das Thema zwar, aber nur kurz, und führen dann

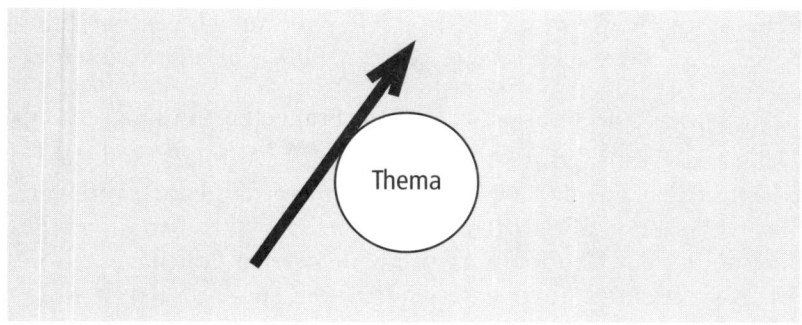

Grafik 12
Tangential-Transaktion

von ihm weg. Wieder auf die Situation des ersten Gespräches bezogen, könnte eine Tangential-Transaktion etwa so aussehen: Der neue Chef hat sich einen Überblick über die Zahlen der Abteilung verschafft und festgestellt, dass die Leistung eines bestimmten Mitarbeiters deutlich von der seiner Kollegen abweicht. Er fragt diesen Mitarbeiter: »Wie sehen Sie Ihre Ergebnisse im Vergleich zu denen Ihrer Kollegen?«

Der Mitarbeiter antwortet: »Ich habe ja schon ein besonders schwieriges Arbeitsgebiet und betreue eine ganze Reihe von besonders komplexen und schwierigen Kunden. Das macht das Arbeiten nicht leichter! Nehmen Sie nur mal den Kunden Schmiedhammer. Nachdem er das Produkt gekauft hat, ruft er drei- bis viermal täglich an und fragt Dinge, die er in der Gebrauchsanweisung nachlesen könnte. Ich finde überhaupt, dass man sich da schon längst etwas hätte überlegen müssen, wie man unsere Gebrauchsanweisungen kundenfreundlicher gestalten könnte. Es klagt doch jeder, wie unverständlich die sind ...«

Wenn jetzt auch dem neuen Chef die Gebrauchsanweisungen ein Dorn im Auge sind, steigt er womöglich in die Diskussion darüber ein, und er vergisst, zumindest zunächst, dass er keinerlei Antwort auf seine ursprüngliche Frage erhalten hat, weil er geschickt vom Thema weggelockt wurde. Vielleicht steigt er aber auch auf die Frage ein, warum diese Kundenanrufe überhaupt bei jenem Mitarbeiter und nicht in der Service-Abteilung landen. Auch über dieses Thema wird der Mitarbeiter vermutlich begeistert mitdiskutieren, denn alles ist ihm lieber, als über seine schlechten Ergebnisse zu reden.

Spielt es sich tatsächlich so ab, dann ist dem Mitarbeiter die Tangential-Transaktion gelungen, er hat die Aufmerksamkeit von einem heißen Thema zu einem für ihn unverfänglichen verlagert. Das ist Sinn und Ziel von tangentialen Transaktionen, deren Beherrschung zur Grundausstattung eines jeden Politikers gehört. Wenn sie nicht Naturtalente sind, haben sie diese Kunst wahrscheinlich geübt ...

Auch in Sitzungen sind tangentiale Transaktionen beliebt, zum Beispiel bei Leuten, die nur auf ein Stichwort warten, um sich daran assoziativ bis zu ihrem Lieblingsthema vorzuarbeiten.

Im Umgang mit tangentialen Transaktionen gibt es nur eine Hilfe: nämlich gewitzt und schnell zu sein und sofort zu intervenieren, wenn man merkt, dass man zwar vielleicht eine gute Antwort bekommen hat, die aber nichts mit der gestellten Frage zu tun hat. Immer wieder erbarmungslos zum eigentlichen Thema zurückzukommen, das entmutigt selbst hartgesottene Tangential-Kommunizierer.

3.
Bezugsrahmen erkennen

Ein weiterer Pflasterstein auf dem Weg zu einem besseren Verständnis von Kommunikation ist das Wissen um den *Bezugsrahmen*. Den Bezugsrahmen des Gesprächspartners zu kennen oder zu erkennen, ermöglicht es in vielen Fällen, unnötige Konflikte gar nicht erst aufkommen zu lassen.

Um zu verdeutlichen, was mit Bezugsrahmen gemeint ist, verwende ich gerne folgendes Bild: Jeder Mensch sieht die Welt durch seine ihm eigene Brille an, wobei das eine Brillenglas gefärbt ist durch die Werte des jeweiligen Menschen, das andere durch seine Erfahrungen, die er im Laufe des Lebens gemacht hat.

Für den Außendienstmitarbeiter einer Bank beispielsweise sieht der Kredit, den er einem Kunden gewähren möchte, anders aus als für den Kreditsachbearbeiter. Der Erstere sieht, seinem Bezugsrahmen gemäß, den Umsatz, den die Bank machen kann, und das ist sein Ziel. Der Zweite stellt Fragen nach den Sicherheiten, denn für ihn gibt es nichts Schlimmeres als faule Kredite.

Das führt leicht zu Konflikten, denn wenn der Kreditsachbearbeiter aufgrund seines Bezugsrahmens eine Bewilligung zunächst ablehnt und als zusätzliche Sicherheit vielleicht eine Bürgschaft verlangt, rauft sich der Außendienstmitarbeiter die Haare, denn er sieht sein Geschäft schon scheitern. Den beiden sind eben unterschiedliche Dinge wichtig.

Für jede neue Führungskraft ist es wichtig, den Bezugsrahmen ihrer Mitarbeiter herauszufinden und zu wissen: »Wie gehen meine Mitarbeiter, jeder für sich, an ihre Arbeit heran?«

- Manche Mitarbeiter haben eine Art »Tagelöhner«-Bezugs-rahmen: »Ich verkaufe hier meine Arbeitskraft, und wie es der Firma geht, interessiert mich nicht.«
- Oder es gibt den »Selbstverwirklicher«-Bezugsrahmen: »Ich will hier meine tollen Ideen verwirklichen. Wie sich das rechnet, darum sollen sich andere kümmern!«
- Manchmal trifft man auch auf den »Gute-Laune«-Bezugs-rahmen: »Arbeit muss Spaß machen! Lieber ein gutes Betriebs-klima und geringe Ergebnisse als umgekehrt!«

Etwas über den Bezugsrahmen der Mitarbeiter zu wissen macht es leichter, sie zu führen. Doch selbstverständlich ist es genauso wichtig, den eigenen Bezugsrahmen zu reflektieren:

- Wie definiere ich meine Rolle als Führungskraft?
- Welche Antwort gebe ich mir auf die Frage: »Wann bin ich eine gute Führungskraft?«

Bei der Beschäftigung mit diesen Fragen erkennt man möglicher-weise, dass einige der Schwierigkeiten, die im Job aufgetreten sind, damit zu tun haben, dass der eigene Bezugsrahmen bisher wenig hilfreich war. So geschehen im Fall eines Mannes, der bei einem großen Automobilkonzern zum ersten Mal Führungsverantwor-tung übernahm und recht bald mit großen Problemen zu kämpfen hatte, die alle daher rührten, dass er vom Informationsfluss seiner Abteilung praktisch völlig abgeschnitten war. Er kam zu mir ins Coaching, und dabei stellte sich heraus, dass sein Bezugsrahmen etwa dergestalt aussah: »Am besten ist es, wenn ich einfach so gut wie möglich meine Arbeit mache, mich in mein Büro verziehe, we-nig auffalle und die anderen nicht von ihrer Arbeit abhalte.«

Also verbrachte er die ersten Monate seines Chef-Daseins hauptsächlich in seinem Zimmer und arbeitete heftig. Verstärkt wurde sein Verhalten noch durch seinen Vorgesetzten, der ihm zu verstehen gab, dass er ständig am Rande der Belastungsgrenze le-be. Er setzte sich also zum Ziel, diesem armen Mann so weit wie möglich den Rücken frei zu halten. Um seinen Vorgesetzten nicht zusätzlich zu »belästigen«, tat er alles, um Probleme von ihm fern zu halten. Das Ergebnis war, dass niemand mit ihm ausreichend kommunizierte. Um Abhilfe zu schaffen, musste er zunächst seinen Bezugsrahmen modifizieren.

Den Bezugsrahmen der einzelnen Mitarbeiter zu verstehen ist deshalb so wichtig, damit man versteht, weshalb jemand mit bestimmten Schwierigkeiten zu kämpfen hat oder immer wieder in bestimmte Problemsituationen gerät. Mit diesem Verständnis gelingt es auch leichter, individuelle Ansatzpunkte für Lösungswege zu finden.

Die Menschen glauben meistens, nichts sei leichter, als ein Problem zu haben. Selten denkt jemand darüber nach, welch ein kreativer Akt es ist, ein Problem zu produzieren. Dabei ist es in der Tat gar nicht so leicht, man muss fast immer eine ganze Menge dafür tun oder lassen. Ein Teil dessen, was wir tun oder lassen, hat mit unserem Denken, mit unserem Bezugsrahmen zu tun!

Angenommen, man stellt als Chef fest, dass ein Mitarbeiter immer wieder aus der eigenen Sicht völlig falsche Prioritäten setzt. Kürzlich blieb beispielsweise ein äußerst wichtiges Angebot offenbar liegen, jedenfalls wurde es viel zu spät hinausgeschickt. Nun könnte man als Vorgesetzter den Mitarbeiter einfach zurechtweisen und sich der Hoffnung hingeben, diesmal so scharf gesprochen zu haben, dass das Problem damit für alle Zeiten erledigt ist.

Man könnte aber auch ein Gespräch mit dem Mitarbeiter führen, um herauszufinden und zu verstehen, wie es zu einer solchen Verschiebung der Prioritäten kommen kann. Worin genau besteht der kreative Akt des Mitarbeiters, dass es überhaupt zu diesem, für den Vorgesetzten gar nicht nachvollziehbaren Problem kommt? Der Mitarbeiter müsste doch ganz genau gewusst haben, wie wichtig dieser Kunde und sein Auftrag für die Firma sind!

Gerade das eigene Unverständnis, was den anderen zu seinem Verhalten bewogen hat, ist ein sicheres Indiz für einen ganz anderen Bezugsrahmen. Um diesem Problem zu Leibe zu rücken, ist es sinnvoll, wie bei einem technischen Problem vorzugehen: Der Techniker versucht nämlich, erst einmal zu verstehen, wie dieses Problem hergestellt wird.

Für Techniker sind die schlimmsten Probleme diejenigen, die nicht systematisch reproduzierbar sind. Ein Techniker fragt sich: »Was muss ich tun, damit dieser Fehler auftritt?« Kann er den Fehler reproduzieren, so kann er ihn auch beheben, denn dann weiß er, wo er ansetzen muss. Das Gleiche gilt für Fehler, die Mitarbeiter machen. Wenn man die Systematik des Fehlers verstanden hat, weiß man, wo man ansetzen muss, um das Verhalten zu ändern. Ein Gespräch mit dem Mitarbeiter, der das wichtige Angebot nicht rechtzeitig fertig gemacht hat, könnte etwa folgendermaßen ablaufen:

Chef: »Was war denn die Ursache dafür, dass das Angebot nicht rechtzeitig fertig wurde?«

Mitarbeiter: »Sie sagten doch, dass wir jetzt diesen neuen Markt angehen wollen, da wird es ja wohl häufiger auf uns zukommen, dass wir solche Angebote schreiben müssen. Ich habe mir überlegt, wenn man vernünftige Druckformatvorlagen und Textbausteine hat, kann man in Zukunft in der halben Zeit so ein Angebot machen.«

Chef: »Was haben Sie dann getan?«

Mitarbeiter: »Ich habe versucht, das zu formatieren, habe es aber nicht hingekriegt. Daraufhin habe ich mich in das Lernprogramm eingearbeitet. Das hat aber leider auch nicht geklappt. Schließlich ist mir eingefallen, dass einer der Kollegen einmal von einem Buch über Formatieren mit Word gesprochen hat. Also bin ich überall rumgerannt, um herauszufinden, welcher Kollege das war, und um dieses Buch aufzutreiben.«

Chef: »War Ihnen denn klar, wie lange das alles dauern würde?«

Mitarbeiter: »Nein, überhaupt nicht! Ich dachte, das müsste alles relativ schnell zu machen sein, weil Word diese Funktion ja anbietet. Aber das hat dann doch alles nicht so geklappt, wie ich mir das vorgestellt habe. Da habe ich mich dann erst recht in das Problem verbissen, weil es mich gereizt hat, herauszufinden, wie das funktioniert, denn eigentlich beherrsche ich Word ja ganz gut!«

Chef: »Irgendwann müssen Sie ja aber gemerkt haben, dass es eng wird mit der Zeit?«

Mitarbeiter: »Ja schon, aber da dachte ich ja, ich sei kurz vor der Lösung des Problems! Das hat aber leider nicht gestimmt. Vielleicht habe ich doch zu spät aufgehört mit dem Versuch, diese Druckformatvorlagen herzustellen.«

Im Bezugsrahmen dieses Mitarbeiters hat es offenbar eine höhere Priorität, Software optimal einzusetzen, als ein Angebot mit unzulänglich genutzter Software, aber dafür pünktlich zu machen. Es scheint sich um jemanden zu handeln, der fasziniert ist von den Möglichkeiten, die die moderne Computertechnik bietet. Da er bereit ist, sich in die Beherrschung der Anwendung von Software hineinzuknien, stellt das in seinem Bezugsrahmen offenbar einen höheren Wert dar, als andere Aufgaben zu lösen. Wahrscheinlich wird er das immer anderem, zum Beispiel Formulierungsaufgaben, vorziehen. Seinem Chef zeigt dieses Gespräch, dass er den Mitarbeiter immer dann optimal einsetzen kann, wenn es gilt, knifflige Softwarefragen auszutüfteln. Es zeigt ihm aber gleichzeitig, dass er den Mitarbeiter im Auge behalten muss und die eigene Priorität sehr deutlich machen muss, wenn es um andere Dinge geht.

Worthülsen sind leer

Um hinter den Bezugsrahmen eines Menschen zu kommen, sei es der eigene, sei es der eines anderen, müssen gewisse Nüsse geknackt werden. Diese Nüsse sind die *Worthülsen*, die wir gerne und häufig benutzen.

Worthülsen sind all jene Begriffe, unter denen jeder etwas anderes verstehen kann, also fast alles außer mathematischen Ausdrücken oder exakten Maßangaben. Jemand beklagt sich: »Wir haben einen viel zu niedrigen Zielerreichungsgrad!« Je nach Bezugsrahmen meint der eine damit 80 Prozent, der andere 97 Prozent. Da solche Worthülsen von jedem nach seinem eigenen Bezugsrahmen gefüllt werden, sind sie eine niemals versiegende Quelle von Konflikten und Missverständnissen. Das heißt für die neue Führungskraft, dass sie genau nachfragen muss, um solche Probleme zu vermeiden.

Wer gleich zu Beginn den Bezugsrahmen seiner Mitarbeiter kennen lernen will, kommt nicht umhin, all ihre Worthülsen zu hinterfragen. Da wir alle so daran gewöhnt sind, Worthülsen zu benutzen und zu hören, erfordert es vielleicht ein bisschen Übung, sensibel dafür zu werden, wann es sich wieder um eine Worthülse handelt. »Der Kollege braucht immer viel zu lang, bis er mir die Sachen zuarbeitet!« Das versteht sich von selbst, nicht? Das ist doch eine eindeutige Aussage! Keineswegs, man sollte genau klären, welches die Erwartungen desjenigen sind, der sich beklagt, und wie lange, im Verhältnis dazu, der Kollege tatsächlich braucht. Erst dann kann man, wenn es nötig ist, sinnvoll regelnd eingreifen. Auch eine Aussage wie: »Das Sekretariat ist das reinste Chaos!« relativiert sich recht schnell, wenn man weiß, dass dahinter der Bezugsrahmen eines Perfektionisten steckt, der sich geärgert hat, dass im Laufe eines Jahres zweimal ein Brief falsch abgelegt wurde.

Oder vielleicht wird man im ersten Gespräch gleich darüber informiert, wie sehr der Mitarbeiter unter den »ständigen Kontrollen« des vorherigen Chefs gelitten hat, nur weil der gelegentlich wissen wollte, wie weit er mit seinem Projekt ist. So erging es dem Geschäftsführer eines IT-Hauses, dessen Software-Entwickler direkt von der Uni kamen und der den Unmut seiner Mitarbeiter mit einer aus seiner Sicht ruhigen und sachlichen Frage auslöste. Die Entwicklung eines bestimmten Softwaremoduls schien ihm sehr lange zu brauchen, und so wollte er gerne wissen, warum es noch nicht fertig sei. Er erntete einen Hagel von Vorwürfen von seinem Team für seine Frage. So könne er doch nicht mit Mitarbeitern umgehen! Sie seien alle hochmotiviert und würden sich ein Bein ausreißen!

In seinem Bezugsrahmen sah es so aus, dass er nur die Ursache für die lange Entwicklungszeit klären wollte, ob vielleicht zunächst ein falscher Weg eingeschlagen worden sei oder ob es unerwartete Probleme gegeben habe. Er wollte hilfreich sein. Der Bezugsrahmen der Mitarbeiter ließ sie das jedoch als verdeckte Anschuldigung, sie würden bummeln, wahrnehmen.

In einem anderen Fall machte ein Abteilungsleiter, der versuchte, etwas für die gute Stimmung in seiner Abteilung zu tun, die Erfahrung, dass Bezugsrahmen eben von Mensch zu Mensch verschieden sind. Er lobte einen seiner Mitarbeiter vor der versammelten Mannschaft für dessen schnelle Arbeit. Ein paar Tage später wurde er von einem Mitarbeiter beschuldigt, er würde seine Leute fürchterlich antreiben, ja, sie gar ganz ungeheuerlich ausnutzen! Wie man an der Bemerkung von vor ein paar Tagen erkennen könne, erwarte er ja ein unglaubliches Tempo von ihnen.

Eine der Fallen, in die man bei jeder Kommunikation gerät, ist die Annahme, alle anderen würden den eigenen Bezugsrahmen teilen. Wir neigen dazu, den eigenen Rahmen, besonders bei Dingen, die uns sehr am Herzen liegen, für den einzig wahren zu halten. Dies hat nichts damit zu tun, dass wir so überheblich wären; sondern der Rahmen ist uns so selbstverständlich und vertraut, dass wir uns einen anderen nicht vorstellen können, wenn er uns nicht explizit geschildert wird.

Um den Bezugsrahmen eines anderen Menschen kennen zu lernen, muss man, wie ich schon sagte, sehr viele Fragen stellen und sich immer wieder Beispiele schildern lassen, die das erläutern, was der andere meint. Dabei darf man sich jedoch nicht zu sehr von den erzählten Geschichten faszinieren lassen, sondern sollte sich immer wieder fragen: »Was sagt mir das über die Art und Weise, wie mein Mitarbeiter denkt? Was für ein Muster lässt sich da erkennen?«

Es ist sehr wichtig, dabei auch die eigene Reaktion immer im Auge zu behalten, denn gerade aufgrund der normalen Neigung, nur den eigenen Bezugsrahmen als richtig gelten zu lassen, löst eine gänzlich andere Sicht auf die Dinge leicht Irritation oder sogar innere Abwehr aus. Gerade als Führungskraft sollte man sehr vorsichtig sein, die eigenen Wertmaßstäbe nicht auf die Mitarbeiter zu übertragen, denn es hat ein jeder das Recht auf seine eigenen. Ein sehr ehrgeiziger Chef, der locker zwölf Stunden und mehr arbeitet, hat vielleicht kein Verständnis für jemanden, der sagt, dass ihm die Familie wichtiger sei und er nach acht Stunden nach Hause will. Das heißt jedoch nicht, dass er sich in diesen acht Stunden nicht voll und ganz einsetzt!

Unser Bezugsrahmen wird jedoch nicht nur durch unsere Werte geprägt, sondern auch durch die Erfahrungen, die wir gemacht haben. Gäste aus China setzten zu unserem Entsetzen beim Duschen das gesamte Bad unter Wasser! In ihrem Bezugsrahmen war das völlig in Ordnung, denn sie waren mit der Erfahrung aufgewachsen, dass es in jedem Bad einen Abfluss im Boden gab. Dass man so blöd sein konnte, ein Bad ohne diesen praktischen Abfluss zu bauen, kam ihnen überhaupt nicht in den Sinn.

Viele Witze spielen mit diesem Thema der unterschiedlichen Bezugsrahmen: In der Kaserne ist helle Aufregung, und der Spieß kommt zur Wache und bellt: »Nachher kommt der General! Sofort melden, wenn er da ist!« Dies wiederholt sich noch ein paar Mal, und der Spieß wird immer aufgeregter, wie der Wachposten bemerkt. Schließlich fährt eine Limousine vor, und der Wachposten fragt: »Sind Sie der General?« »Ja!« »Mensch Junge, hau bloß ab, der Spieß sucht dich schon überall!«

4.
Konfliktmanagement

Der Mensch muss sich sein Leben lang Konflikten stellen. Weil wir dies schon im zartesten Alter erfahren, fangen wir auch sehr früh an, so genannte Konfliktstrategien zu lernen. Leider sind darunter einige, die nicht hilfreich sind, um Konflikte zu lösen. Im Gegenteil sind sie viel eher dazu geeignet, Konflikte zu verschärfen. Auf diese, meist in der Kindheit schon gelernten Muster greifen wir im Erwachsenenalter zurück, wenn uns nichts Konstruktives einfällt. Vielleicht erkennt der eine oder andere ja etwas von dem Beschriebenen als eigenes Verhalten wieder. Diese typischen Strategien, die man häufig beobachten kann, sind eigentlich unproduktiv, doch sie dienen, zumindest gelegentlich, der emotionalen Befriedigung. In die Liste der häufigsten Konfliktstrategien gehören:

- Ironie
- Gegenangriff
- Provokation
- andere lächerlich machen
- unterbrechen
- Übertreibungen
- Absolutbegriffe
- Verbündete suchen und ins Feld führen
- Du-Botschaften
- sich zum Opfer stilisieren
- auf Nebenkriegsschauplätze ablenken
- Unterstellungen
- Generalisierungen

Auf die Konfliktstrategien, die hier aufgezählt sind, werde ich weiter unten noch detailliert eingehen. Diese Strategien und weitere führen nicht zu einem konstruktiven Ende des Konflikts, sondern im Gegenteil: Sie stiften Verwirrung, Irritation oder führen zu einer Eskalation.

Wer das vermeiden möchte, könnte damit beginnen, sich selbst zu sensibilisieren, um diese Verhaltensweisen bei sich und anderen wahrzunehmen. Wenn die Wahrnehmung gut geschult ist, erkennt man im Idealfall jeden »Schachzug«, das hat den Vorteil, dass man nicht mehr so anfällig dafür ist, darauf hereinzufallen. So wie ein schlechter Schachspieler, der gegen einen guten spielt, meist gar nicht versteht, wie er in die Falle gegangen ist, finden sich manche Menschen plötzlich zitternd und tobend in einem Streit. Sie haben keine Ahnung, wie sie da hineingeraten sind, noch weniger, wie sie ihn beim nächsten Mal verhindern könnten. Während gute Schachspieler die gemachten Züge erkennen und einordnen und deshalb souverän auf alles reagieren können.

Schlechte »Schachzüge« werden immer dann gemacht, wenn momentan keine besseren verfügbar sind, weil das Verhaltensrepertoire eingeschränkt ist, man also nie gelernt hat, anders zu reagieren, oder weil man emotional getroffen wurde. Emotionale Betroffenheit führt leicht zu dem Wunsch, es dem anderen mit gleicher Münze heimzuzahlen. Dieser Wunsch geht mit dem Verlust der Souveränität einher.

Was Konflikte angeht, möchte ich hier noch einige Worte über den Bezugsrahmen einflechten. Viele Menschen halten Konflikte generell für etwas Negatives und streben eine »konfliktfreie Kommunikation« an.

Es ist sicher hilfreich, manche Konflikte, wenn möglich, zu vermeiden, man muss nicht jeden achtlos dahingeworfenen Fehdehandschuh eifrig aufheben. Aber die meisten Konflikte sind sehr wichtig, um anzuzeigen, dass es in dieser Situation unterschiedliche Interessen gibt oder dass Probleme zu lösen sind. Man kann Konflikte vielleicht am besten mit Zahnschmerzen vergleichen. Die sind natürlich unangenehm, aber wenn ich mich, beispielsweise durch die Einnahme von Tabletten, weigere anzuerkennen, dass es ein Problem gibt, schaffe ich mir nur umso größere Schwierigkeiten.

Wenn man lernen will, wie etwas geht, ist es hilfreich, sich genau darüber im Klaren zu sein, wie es nicht funktioniert. Wer seine Wahrnehmung schulen will, um Konfliktstrategien schnell zu erkennen, kann damit beginnen, anderen bei Konflikten zuzusehen und -zuhören. Man hat mehr Abstand, das erleichtert das Einordnen, und man erkennt schneller, warum diese Konfliktstrategie nicht konstruktiv ist.

Konfliktstrategien

Ironie

Fangen wir mit der Ironie an. Ironie ist im Konfliktfall als Humor getarnte Aggressivität. Es wird über jemanden gelacht, es wird nicht miteinander gelacht. Sinn der Ironie ist es, demjenigen, der sich ihrer bedient, ein Gefühl der Überlegenheit zu verschaffen. Das braucht er in diesem Moment dringend, denn im Grunde seines Herzens fühlt er sich gerade jämmerlich. Zum Überlegenheitsgefühl trägt bei, dass in der Ironie meistens sehr viel Kreativität steckt, was Zuschauer, falls vorhanden, auch mit Lachen honorieren.

Nur der von der Ironie Getroffene kann das in diesem Moment leider gar nicht würdigen und kontert, was leicht zu einer Eskalation führen kann, weil bei jedem Schlagabtausch mehr Schwachstellen des Kontrahenten bloßgelegt werden. Oder er fühlt sich unterlegen und greift zu anderen Methoden, um sich zu schützen. Besonders wenn deutliche Unterschiede in Schlagfertigkeit und Rhetorik vorhanden sind, fühlt sich der Getroffene schnell hilflos und ausgeliefert und spürt genau, er macht sich immer lächerlicher, je wütender er wird. Das kann zu tiefen Verletzungen führen, die die weitere Kommunikation beeinträchtigen.

Ironie ist die arroganteste Form des Schlagabtauschs, und weil sie getarnte Aggression ist, die schwer zu greifen ist, führt sie auch nie zu einer Lösung, sondern zu einem Ende mit einem Gewinner und einem Verlierer. Das heißt, dass der Konflikt weitergehen wird.

Für neue Führungskräfte, die sich unsicher fühlen, ist es oft verführerisch, das mit Ironie zu überdecken. Da Ironie leicht verletzend ist, erzeugt sie bei den Mitarbeitern ein Gefühl von Wut und Hilflosigkeit. Deshalb gehen sie mit ihrem neuen Chef sehr ängstlich und vorsichtig um. Das tut ihm vielleicht gut, weil er sich dann nicht mehr so bedroht fühlen muss, aber das gute Betriebsklima bleibt dabei auf der Strecke. Außerdem steckt in der Ironie auch immer die Botschaft an den Konfliktgegner, dass man den anderen nicht wirklich ernst nehmen kann.

Nicht mit verletzender Ironie zu verwechseln ist natürlich das liebevolle Frotzeln, das in vielen Teams zum guten Umgangston gehört. Wie schon gesagt: Beziehung geht vor Inhalt! Wenn die Beziehung gut ist, wird auch etwas als Kompliment akzeptiert, was in einem anderen Kontext für glatte Beleidigung gehalten würde. Im Konflikt-Kontext sorgt Ironie auf jeden Fall für eine Verschärfung der Situation!

Gegenangriff

Es ist interessant, sich einmal die Implikation, die in der Konfliktstrategie des Gegenangriffs steckt, anzuschauen. Jemand, der zum Gegenangriff bläst, hat sich zumindest angegriffen gefühlt, das heißt, da ist ein wunder Punkt vorhanden. Das sollte man als Konfliktpartner berücksichtigen und sich nicht durch einen Gegenangriff täuschen und ablenken lassen.

Fronten verschiebt man am einfachsten mit tangentialen Transaktionen. Das funktioniert ganz besonders gut, wenn der andere meint, einem gänzlich unberechtigten Angriff ausgesetzt zu sein. Merkwürdigerweise hat fast jeder Mensch in der Kindheit schon gelernt, dass man alles hinnehmen kann, außer einem unberechtigten Angriff. Dieser muss sofort richtig gestellt werden. Über den lobenswerten Versuch, dieses schiefe Bild, was der andere da gemalt hat, gerade zu rücken, wird leicht das ursprüngliche Thema vergessen. Das macht den Gegenangriff zu einer so erfolgreichen Intervention, die immer wieder gerne benutzt wird. Besonders gewiefte Anwender dieser Strategie haben es heraus, ihrerseits auf die wunden Punkte des Gegenübers zu zielen. Das erlebte zum Beispiel eine junge Führungskraft folgendermaßen:

Der frischgebackene Abteilungsleiter hatte sehr hohe Ansprüche an sich als Führungskraft. In seinem Bezugsrahmen war er nur dann ein guter Chef, wenn er immer für alle seine Mitarbeiter da war und sie absolut gerecht behandelte. Als er sich ein paar Wochen nach seinem Antritt gezwungen fühlte, mit einem Mitarbeiter ein Kritikgespräch zu führen, konterte dieser Mitarbeiter recht schnell mit den Worten: »Für mein Arbeitsgebiet haben Sie sich ja aber auch nie wirklich interessiert! Das war doch kein Zufall, dass bei all den Gesprächen, die Sie geführt haben, ich der Letzte war, der drankam!«

Der Abteilungsleiter glaubte, sich verteidigen zu müssen, gab lange Erklärungen ab, beteuerte, dass er am besagten Thema Interesse hätte, und schon war das für den Mitarbeiter heikle Thema umgangen. Hätte der Abteilungsleiter diesen wunden Punkt nicht gehabt oder die Strategie sofort durchschaut, wäre es ihm ein Leichtes gewesen zu sagen: »Es geht gerade um etwas anderes ...«

Ein Gegenangriff löst keinen Konflikt, sondern verschiebt ihn auf ein anderes Terrain. Aber irgendwann wird er eben wieder auftauchen, selbst wenn der Konfliktpartner momentan zu geschwächt ist, auf seinem ursprünglichen Thema zu beharren.

Provokation

Viele Konflikte werden durch Provokationen ausgelöst oder verschärft. Wer provoziert, will meist den anderen aus der Reserve locken, um ihn dadurch in eine schlechtere Position zu bringen. Neue Führungskräfte haben Provokationen meist von zwei Seiten zu gewärtigen: einmal möglicherweise von Mitarbeitern, die selbst diese Position haben wollten und deshalb zum neuen Chef in Konkurrenz gehen. Die Botschaft, die sie mit Provokationen vermitteln wollen, läuft dann meist auf Folgendes hinaus: »Du kannst das doch gar nicht – ich bin sowieso besser!« Wenn man das durchschaut, hat man es nicht mehr nötig, sich ganz fürchterlich abzustrampeln, nur um zu beweisen, dass man doch sehr tüchtig ist. Eine Provokation, die ins Leere läuft, verliert ihren Reiz.

Zum anderen kommt es vor, dass sich Kollegen von dem Neuen bedroht fühlen, besonders natürlich, wenn ihm ein exzellenter Ruf vorauseilt. Dann sollen die provokanten Äußerungen klar machen, dass man von Kollegenseite überhaupt nicht beeindruckt ist und schon viele ganz groß angefangen haben, um ganz klein zu enden.

Der professionellste Umgang mit Provokationen ist, sie zu ignorieren. Hört der andere dann damit auf, ist ja alles in Ordnung. Doch wenn nicht, sollte man sie zum Gesprächsthema machen, um zu klären, was auf der Beziehungsebene nicht stimmt. Denn genau wie Ironie vergiften auch andauernde Provokationen die Atmosphäre.

Andere lächerlich machen

Dies gilt auch für die nächste Konfliktstrategie, nämlich andere lächerlich zu machen. Wer das nötig hat, leidet schwer an innerer Unsicherheit: Er muss sich selbst erhöhen, indem er andere erniedrigt, was nicht gerade ein Zeichen von Souveränität ist. Derjenige, der versucht, andere lächerlich zu machen, tut das meist auch in der Absicht, eventuell vorhandenes Publikum auf seine Seite zu bringen, er will die Lacher für sich haben. Da die meisten Menschen ein gut ausgeprägtes Gerechtigkeitsgefühl haben, erreicht jemand, der andere lächerlich machen will, jedoch oft nur, dass sich die Stimmung gegen ihn wendet, manchmal so weit, dass es zu offener Ablehnung kommt.

Unterbrechungen

Unterbrechungen, die praktisch zur Tagesordnung eines jeden handfesten Streits gehören, passieren besonders dann, wenn man das Gefühl hat, dass der andere sich überhaupt keine Mühe gibt, einen selbst zu verstehen. Fehlt die Geduld zuzuhören, was der andere sagt, will man nur möglichst schnell, möglichst viel vom eigenen Standpunkt loswerden, »damit endlich Klarheit in die Sache kommt«.

Hier offenbart sich ein Grundübel von Konflikten: Wenn *jeder* der beiden Kontrahenten zuerst verstanden werden will, bevor er bereit ist, seinerseits zu versuchen, den anderen zu verstehen, ergibt sich eine Situation, in der die Kommunikation stagniert. Man gerät in einen Kreislauf von Unterbrechungen, aus dem jeder mit dem Eindruck hervorgeht, dass mit dem anderen »einfach nicht zu reden ist«.

Unterbrechungen können jedoch noch einem anderen Zweck dienen. Unsichere Chefs unterbrechen ihre Mitarbeiter manchmal, um schlicht ihre Macht zu demonstrieren. Dabei geht es nicht um sachliche Klarstellungen, sondern darum, auf der Beziehungsebene deutlich zu machen: »Wenn ich rede, hast du den Mund zu halten!«

Implizit steckt hinter jeder Unterbrechung Desinteresse: »Mir ist nicht wichtig, was du zu sagen hast. Mir ist wichtig loszuwerden, was ich sagen will!« Deshalb erschüttern wiederholte Unterbrechungen auch die Beziehungsebene. Wer dauernd unterbrochen wird, spürt, dass der andere ihm keine wirkliche Wertschätzung entgegenbringt.

Unterbrechungen können auch strategisch eingesetzt werden, um die Argumentationskette des anderen zum Stolpern zu bringen, sodass er aus dem Konzept gebracht wird und man selbst auf diese Art und Weise als Gewinner aus einem Konflikt hervorgeht. Wie gesagt, wenn es Gewinner und Verlierer gibt, ist die vermeintliche »Lösung« nur die Verschnaufpause vor der nächsten Runde, und der Konflikt bleibt ungelöst.

Übertreibungen

Häufig wird in Konflikten übertrieben. Der Hintergrund, warum wir alle es so gerne tun, ist, dass wir so versuchen, unseren Aussagen mehr Gewicht zu geben. Das Erstaunliche ist, dass wir der Versuchung zu übertreiben immer wieder nachgeben, obwohl wir wissen, dass es in den seltensten Fällen funktioniert. Weil sie vom eigentlichen Sachverhalt ablenkt, verfehlt die Übertreibung ihr Ziel. Durch die Grandiosität, mit der etwas größer oder kleiner gemacht wird, verliert das berechtigte Interesse, das hinter dem Argument steckt, an Schlagkraft. So wird genau das Gegenteil von dem erreicht, wofür die Übertreibung eingesetzt wird, nämlich die eigene Position zu rechtfertigen.

Ein Team, mit dem ich ein sehr erfolgreiches Training absolviert hatte, wollte einen zusätzlichen Vertiefungstag bewilligt bekommen. Es kam zu einer sehr heftigen Diskussion mit dem zuständigen Herrn vom Personalbereich, der meinte: »Das geht doch nicht! Noch ein Training, und noch eines und noch eines! Bald machen wir nur noch Training!« Mit der maßlosen Übertreibung wollte er sein »Nein« rechtfertigen, doch es ging ja tatsächlich nicht um viele Trainings, sondern um genau einen Tag!

Übertreibungen machen es sehr schwer, sich sachlich auseinander zu setzen, weil sie die andere Seite natürlich animieren, nun ihrerseits mit Übertreibungen zu kontern. Wenn aus einer Kleinigkeit zu Zwecken der verbalen Schlagkraft ein großes Konstrukt wird, woraufhin der Konfliktpartner jegliche Existenz eines Problems leugnet, ist der Sache nicht gedient. Besser wäre es ohne Zweifel, über die Lappalie zu reden.

Wenn auf Übertreibungen beharrt wird, statt über die tatsächlich vorhandenen Gegebenheiten zu sprechen, kommt es nur zu einer unnötigen Verfestigung der gegensätzlichen Positionen. Dies zeigt auch das folgende Beispiel:

In einem mittelständischen Unternehmen wollte der neue Geschäftsführer ein Zeiterfassungssystem einführen. Ihm schien das dringend notwendig zu sein, die Mitarbeiter empfanden es jedoch als bedrohliche Zumutung. Sie sahen darin schon den ersten, wenn nicht auch zweiten und dritten Schritt zum »gläsernen Mitarbeiter«. Sie sahen unter anderem ihr Schwätzchen am Kaffee-Automaten gefährdet. Sie führten also ins Feld, dass sie viele Stunden in der Woche nur mit der Zeiterfassung zubringen müssten, »zu gar nichts anderem mehr kämen ... Brühe teurer als die Brocken ...«.

Das Gegenargument »es koste überhaupt keine zusätzliche Zeit«, war natürlich genauso falsch. Viel hilfreicher wäre es gewesen, gleich über die tatsächlich benötigten zirka 20 Minuten zu sprechen.

Absolutbegriffe

An das Thema Übertreibungen schließt sich logisch gleich der nächste Punkt, Absolutbegriffe, an. »Immer«, »nie«, »alle«, »keiner« sind eine Sonderform der Übertreibungen, und wenn man diese Aussagen wörtlich nimmt, wird ihre Absurdität schnell deutlich.

Ein Verkäufer, der von seinem Chef kritisiert wird, weil er zu viel im Büro sei und zu wenig zu den Kunden fahre, fragt mit gekränktem Augenaufschlag: »Soll ich denn etwa jede einzelne Minute des Arbeitstages beim Kunden verbringen?« Dahinter steckt die Hoffnung, dass der Chef nun sagt: »Nein, so habe ich das natürlich nicht gemeint!«, was dann wieder als Rechtfertigung für das eigene Verhalten genommen werden kann.

Schon als Kind haben wir gelernt, welch eine Quelle an Legitimation Absolutbegriffe darstellen: »Alle dürfen immer, nur ich darf nie!« Es hat so oft funktioniert, dass wir auch im späteren Leben nicht mehr auf Absolutbegriffe verzichten wollen: »Nie ist er mit irgendetwas zufrieden!«, wenn der Chef alle halbe Jahre einmal etwas bemängelt. Oder zu Hause heißt es: »Immer lässt du überall deine Sachen herumliegen!«, wenn man einmal – »Ich schwör's, ein einziges Mal!« – die Zeitung nicht wegräumt.

Absolutbegriffe bringen Würze in jeden Konflikt, man kann selbst unscheinbare kleine Wortgeplänkel damit schnell zu einem handfesten Streit ausbauen, und wenn man es schafft, sie noch mit einem Hauch von Provokation zu versehen: »Wenn Ihre Abteilung es doch wenigstens *ein* einziges Mal schaffen würde, pünktlich zu liefern, wäre ich ja schon zufrieden!«, eskaliert der Streit völlig. Manchmal werden dabei die Charaktere der Kontrahenten wechselseitig einer so gründlichen Prüfung unterzogen, dass sie Schaden nehmen.

Verbündete suchen

Auch Verbündete zu suchen und ins Feld zu führen ist eine langerprobte Konfliktstrategie. Entweder versucht man aktiv, Unbeteiligte mit einzubeziehen, oder man fährt Nichtanwesende als Zeugen auf:»Das geht ja den meisten im Team so!« ist eine Behauptung, die so schnell nicht überprüft werden kann. Wenn man Glück hat, erreicht man so sein Ziel, den Argumentationsdruck auf das Gegenüber zu erhöhen.

Du-Botschaften

So genannte »Du-Botschaften« zu geben ist etwas, was die meisten Menschen automatisch machen, sobald Konflikte emotional werden. Man definiert dabei den anderen in seinen Eigenschaften, nicht einzelnes Verhalten wird kritisiert, sondern die ganze Persönlichkeit:»Sie sind vollkommen unzuverlässig!« ist sehr viel niederschmetternder als ein vergleichsweise moderates: »In dieser Angelegenheit haben Sie mich hängen lassen.«

Oder man legt den anderen fest: »Sie haben Ihren Bereich nicht im Griff!« Da solche Festlegungen Meinungen sind, kann man stundenlang darüber diskutieren, denn der so Gescholtene wird die Sache höchstwahrscheinlich anders sehen. Da er sich *persönlich* angegriffen fühlt, nicht nur in der Sache, die ihm zur Last gelegt wird, erhöht das auch bei ihm die Emotionalität. Aus einer Sachauseinandersetzung wird mit Du-Botschaften unversehens eine persönliche Auseinandersetzung. Sie heizen Konflikte emotional an und gefährden die Beziehungsebene, da Du-Botschaften als Vorwurf ankommen. Die wenigsten Menschen sind bereit, Vorwürfen spontan ehrlich zuzustimmen. Oder haben Sie schon einmal ein überzeugendes: »Stimmt, jetzt, wo Sie es mir sagen, sehe ich ein, dass ich völlig unfähig bin« gehört?

Sich zum Opfer stilisieren

Wenn jemand sich schon nicht vehement gegen Vorwürfe verteidigt, so greift er vielleicht zu einem anderen Mittel, sich nämlich zum Opfer zu stilisieren. Eine Strategie, die sich auch bei anderen Arten von Konflikten bewährt hat, um den anderen schlecht aussehen zu lassen. Denn wenn man sich selbst als Benachteiligten darstellt, hat man meist nicht im Sinn, wirklich Mitleid zu erhalten.

Auf der verdeckten Ebene hat diese Strategie deshalb eine sehr aggressive Komponente und ist ein hochwirksamer Zug. Vor allem wenn der Chef zum Beispiel einen hohen sozialen Anspruch an sich selbst hat, sieht er sich schnell gezwungen, will er nicht als grausamer Sklaventreiber dastehen, von einer Forderung abzurücken. Sobald der Mitarbeiter jammert: »Ich mach doch schon unentwegt Überstunden! Ich habe ja sogar schon Probleme zu Hause deswegen!«, wird er Zugeständnisse machen.

So bekam der neue Abteilungsleiter einer großen Steuerkanzlei von seinem Mitarbeiter versichert, er könnte den neuen Mandanten unmöglich noch übernehmen, denn er betreue ohnehin schon die schwierigsten Mandanten, die sie hätten. Als dem Vorgesetzten dieses Argument jedoch zum vierten Mal vorgetragen wurde, glaubte er es nicht mehr.

Tangentiale Transaktionen

Wer in Konflikten von heißen Themen ablenken will, muss die Methode der tangentialen Transaktionen gut beherrschen und am besten noch genau wissen, womit der andere leicht geködert werden kann. Fast jeder hat Themen, denen er nicht widerstehen kann.

Ein Verkaufsleiter spricht mit einem Verkäufer, weil dessen Verkaufsergebnisse zu gering sind. Dieser Verkaufsleiter hat den Job angetreten mit der Idee, endlich ein neues Marketing-Konzept durchzusetzen. Im anstehenden Kritikgespräch will er allerdings vom Verkäufer wissen, was hinter dessen schlechten Ergebnissen steckt. Doch schon nach kurzer Zeit diskutieren sie über … das Marketing-Konzept! Nach etwas Gejammer über die Marktsituation im Allgemeinen sowie die spezielle Situation im Verkaufsgebiet kam: »Außerdem fehlt uns ja auch ein vernünftiges Marketing-Konzept! Ich würde jetzt gerne die günstige Gelegenheit nutzen, ein paar Vorschläge zu machen.« Mit diesem eleganten Manöver lenkte der Verkäufer vom eigentlichen Problem ab.

Wer dies geschickt tut, schafft es manchmal sogar, dass der andere gar nicht gleich merkt, dass er ausgehebelt wird.

Unterstellungen

Was jeder jedoch sehr wohl merkt, und zwar augenblicklich, sind Unterstellungen. Unterstellungen wirken sehr massiv, weil der andere sich vollkommen falsch und ungerecht beurteilt sieht. Das ist für die meisten Menschen ein Reizthema. Unterstellungen bewegen sich meist sofort auf der Beziehungsebene und schaffen ein hohes Maß an Emotionalität.

Da Unterstellungen meistens auf Meinungen basieren, sind sie auch sehr schwer zu entkräften. Es ist zu beobachten, dass Menschen häufig umso hilfloser und fassungsloser reagieren, je wilder und abstruser die Unterstellungen sind, mit denen sie konfrontiert werden. Durch diese Hilflosigkeit wird beim Betroffenen häufig so etwas wie ein »Notprogramm« aktiviert. Das heißt, er reagiert nicht mehr erwachsen, sondern zum Teil nach kindlichen Mustern, das kann bis zum völligen Gesprächsabbruch mit knallenden Türen führen.

Ist Publikum vorhanden, zum Beispiel ein Team, entwickeln Unterstellungen eine intensive Dynamik. Gleichgültig, wer wem was unterstellt: Es fühlen sich selbst neutrale Personen durch die Ungeheuerlichkeit der Unterstellung aufgerufen, klärend einzugreifen! Dadurch kommt es jedoch leichter statt zu einer Klärung zu einer Auseinandersetzung mit vielen Beteiligten, wo verbal jeder gegen jeden kämpft. Eine Unterstellung kann niemand auf sich sitzen lassen. Also werden Beweise erbracht, auf die Gegenbeweise erfolgen, die zu nichts führen.

Übergeneralisierungen

Und nun zum Schluss noch eine Methode, wie man auch kleinste Konflikte, die eigentlich gar nichts hermachen, absolut unlösbar gestalten kann. Übergeneralisierung heißt dieses Zaubermittel, und es passiert immer dann, wenn aus einem Einzelfall eine Grundsatzdiskussion wird.

Ein Ehepaar fängt zum Beispiel eine Diskussion darüber an, wer das Geschirr in die Spülmaschine räumen soll, geht über zur allgemeinen Verteilung der Hausarbeit, kommt durch den geschickten Einsatz von Absolutbegriffen zu dem Schluss, dass sie noch nie gerecht verteilt war (jeder musste immer alles machen), urplötzlich offenbart sich deshalb jedem die Charakterschwäche des anderen, und auf die bange Frage, ob der andere einen überhaupt liebt, folgt die bittere Erkenntnis, dass er einen noch nie geliebt hat!

Die Frage, wer dran ist mit Aufräumen, hätte sich vielleicht noch regeln lassen, aber jetzt liegt das Eheleben in Trümmern!

Im Firmenbereich lässt sich ein ähnliches Szenario denken. Eine Diskussion über einen nicht eingehaltenen Termin reicht aus, um zur Ungerechtigkeit der Arbeitsverteilung zu kommen, von da ist es nur noch ein kurzer Schritt zur schwachsinnigen Organisation in der Abteilung, die natürlich darin begründet ist, dass es in der ganzen Tochterfirma hapert, weil der Konzern schlecht geführt wird. Ist man erst einmal so weit gekommen, lässt sich der Konflikt wegen eines nicht eingehaltenen Termins schlechterdings nicht mehr lösen.

Passivität und Abwertung

Ebenfalls aus der Transaktionsanalyse stammt ein Modell, anhand dessen man die Entstehung vieler Konflikte erkennen kann und das einem hilft, das Verhalten des anderen, oder vielleicht auch das eigene, besser einzuordnen. Dieses Modell heißt *Passivität und Abwertung*.

In der Transaktionsanalyse wird jedes Verhalten als passiv definiert, das in einem Problem- oder Konfliktfall nicht zur Lösung beiträgt. Auch hektische Aktivität kann also passiv sein, wenn man damit nichts in Bezug auf Problemlösung tut!

Wir alle haben gelegentlich solche Anfälle von Passivität: Lieber stundenlang selbst unangenehme Aufgaben erledigen, als endlich den schwierigen Bericht in Angriff zu nehmen, lieber tagelang planen, überlegen und diskutieren, statt endlich die anstehende Entscheidung zu treffen.

Wer sich in dieser Art und Weise passiv verhält, auch wenn er nach außen äußerst aktiv erscheint, blendet etwas aus seinem Bewusstsein aus. Diesen Vorgang des Ausblendens nennt die Transaktionsanalyse *Abwertung* (discount). Abwertung kann auf verschiedenen Stufen geschehen:

Die oberste Stufe der Abwertung ist es, die Existenz eines Problems oder Konflikts auszublenden. Man stelle sich vor, ein Vorgesetzter kommt zu seinem Mitarbeiter mit dem Anliegen: »Wir müssen dringend unser Berichtswesen besser organisieren. Mir fehlen oft wesentliche Informationen, das muss sich ändern!« Wenn der Mitarbeiter daraufhin mit Unverständnis reagiert: »Wieso, das läuft doch gut. Dass Sie eine Information nicht rechtzeitig erhalten haben, war doch nur ein kleiner Ausrutscher. Deswegen müssen wir doch jetzt nicht anfangen, ein bewährtes System zu ändern!«, so macht es zunächst keinen Sinn, weiter über Veränderung zu reden, denn man spricht dann, in den Au-

	Problem	
Existenz		
Bedeutung		
Lösbarkeit		
eigene Fähigkeiten		

Grafik 13
Abwertung eines Problems

gen des Mitarbeiters, über die Lösung eines nicht vorhandenen Problems.

Der Mitarbeiter blendet ganz offenbar die Existenz eines Problems aus. Solange er nicht akzeptiert, dass wirklich ein Problem vorhanden ist, gehen die Vorschläge des Chefs vermutlich ins Leere. Denn der Standpunkt des Mitarbeiters: »Es gibt doch gar kein Problem!« rechtfertigt natürlich seine Passivität. Bevor man also Schritte zur Veränderung diskutieren kann, muss man zuerst dafür sorgen, dass das Problem anerkannt wird.

In besonders hartnäckigen Fällen, wenn sich jemand allen Argumenten gegenüber als taub erweist, muss man es zu dessen Problem machen. In einer Konfliktmoderation, bei der es um das Rauchen in einem von zwei Mitarbeitern besetzten Büro ging, begann ich das Gespräch mit den gut gemeinten Worten: »Sie beide haben also ein Problem ...«

Worauf der Raucher jedoch sofort konterte: »Oh nein, ich habe kein Problem, das hat der andere!« In einer solchen Situation kann man nicht moderieren. Denn wie soll man eine Lösung suchen mit jemandem, der gar kein Problem hat?! Er wurde sehr viel einsichtiger und einer einvernehmlichen Lösung zugeneigt, als das Problem plötzlich auch zu seinem wurde: »Die neue gesetzliche Regelung sieht vor, dass Sie überhaupt nicht mehr im Büro rauchen dürfen, wenn Ihr Kollege das verlangt! Vielleicht ist es doch auch für Sie besser, mit Ihrem Kollegen über das Rauchen zu verhandeln.« Nachdem der Raucher aufgehört hatte, die Existenz des Problems zu leugnen, kamen wir mit der Lösung des Problems sehr schnell voran.

Die Abwertung kann auch auf der Ebene der Bedeutung vorgenommen werden. Es wird zwar anerkannt, dass ein Problem vorhanden ist, doch seine Bedeutung wird heruntergespielt. Bezogen auf das erste Beispiel, in dem es um das Berichtswesen ging, könnte dann die Antwort des Mitarbeiters etwa lauten: »Ich sehe ein, dass das mit den Berichten schlecht gelaufen ist, doch das war ja nur eine Ausnahme. Außerdem sind die Berichte jetzt wirklich unser geringstes Problem, mich drückt sehr viel Wichtigeres!«

In den Augen des Mitarbeiters ist das Problem von so untergeordneter Bedeutung, dass dies wiederum seine Passivität in Bezug auf Problemlösung rechtfertigt. Auch hier gilt, dass es nichts hilft, über Lösungen mit dem Mitarbeiter sprechen zu wollen. Man muss ihn zuerst veranlassen, sich darüber klar zu werden, dass es sich sehr wohl um ein wichtiges Problem handelt.

Die nächste Ebene der möglichen Abwertungen betrifft die Lösbarkeit eines Problems. Wieder bezogen auf das Beispiel der mangelhaften Berichte, könnte der Mitarbeiter argumentieren: »Wir schreiben unsere Berichte so zeitgerecht und ausführlich, wie es überhaupt nur möglich ist! Es gibt auf der ganzen Welt kein Berichtssystem, was garantieren würde, dass Ihnen niemals eine Information fehlt!« Vielleicht braucht der Mitarbeiter eine kleine Hilfestellung, um zu erkennen, dass dieses Problem sehr wohl lösbar ist, etwa mit der Frage: »Wie machen es denn die Kollegen/die anderen Abteilungen?«

Manchmal werden auch die eigenen Fähigkeiten, das Problem zu lösen, abgewertet: »Ich mache etwas mit meinem Zeitmanagement falsch!« oder »Ich tue mich halt schon immer sehr schwer mit dem Abfassen von Berichten!«. In einem solchen Fall wäre der erste Schritt, mit dem Mitarbeiter darüber zu sprechen, welche Faktoren nötig sind, damit es ihm leichter fällt, Berichte zu schreiben, bevor man mit ihm über Änderungen des Berichtswesens diskutiert.

Wenn man den Eindruck hat, dass ein Mitarbeiter im oben dargelegten Sinn Abwertungen vornimmt, muss man sich nicht nacheinander durch alle Ebenen hindurchkämpfen. Es genügt, festzustellen, auf welcher Ebene der Mitarbeiter ausblendet, und konsequent auf diese Ebene einzugehen. Wenn das geschafft ist, kann man über Lösungen reden. Es ist leider häufig zu beobachten, dass Führungskräfte gerne mit Mitarbeitern, die überhaupt kein Problem sehen, über Lösungen sprechen, was nicht zu brauchbaren Ergebnissen führt.

In der Transaktionsanalyse wird die These vertreten, dass Passivität Unbehagen bei den Betroffenen auslöst. Mir scheint es sinnvoll zu sein, dieses Unbehagen zurückzuverlagern zu demjenigen, der sich passiv verhält, *ihm* die Passivität ungemütlich zu machen. Dann werden auch Lösungen, die unbequem sind, weil sie Aktivität voraussetzen, plötzlich doch recht attraktiv.

5.
Konfliktlösungsstrategien

Wie Probleme nicht gelöst werden ist deutlich geworden, daher geht es nun um Konfliktlösungsstrategien. Wer sich als neuer Chef den Ruf erwirbt, gut mit Konflikten umgehen zu können, wird die Mitarbeiter sehr schnell auf seiner Seite haben. Zumal diese Fähigkeit bisher noch eine Seltenheit in den Chefetagen zu sein scheint. Laut einer Studie der Universität Hamburg, so berichtete der Bonner Informationsdienst »Neues Arbeitsrecht für Vorgesetzte«, sprechen 63,2 Prozent der Mitarbeiter ihren Vorgesetzten die Fähigkeit zur Konfliktbewältigung ab.

Dabei ist der konstruktive Umgang mit Konflikten keine Hexerei. Auch, wer nicht von Haus aus über das vielgerühmte »diplomatische Geschick« verfügt, kann lernen, wie man gute Lösungen oder akzeptable Kompromisse herbeiführt.

Eine »Generalregel« für den Umgang mit Konflikten gleich vorweg: Wir haben in jedem Konfliktfall einen sehr viel größeren Fragebedarf, als wir gemeinhin glauben. Die größte Gefahr in einem Konflikt besteht meistens darin, dass wir zu schnell davon überzeugt sind, über alles Bescheid zu wissen: »Es liegt doch auf der Hand, worauf der andere hinaus will! Ist mir doch völlig klar, was er meint! Sie brauchen gar nicht weiter zu reden, ich weiß genau, was Sie wollen! Aber nicht mit mir, mein Lieber!«

So oder so ähnlich spielt sich das doch oft in unseren Köpfen ab. Ich nenne es das »Wildwestprinzip«: Erst schießen, dann fragen. Wenn der andere röchelnd am Boden liegt, kommen wir gelegentlich auf die Idee, zu fragen, was genau er eigentlich wollte. »Die Uhrzeit wissen«, stößt er dann vielleicht mit seinem letzten Seufzer aus.

Den Bezugsrahmen erfragen

Fragen stellen ist das A und O beim erfolgreichen Umgang mit Konflikten!

Im Konfliktfall kann man immer davon ausgehen, dass zwei unterschiedliche Bezugsrahmen vorhanden sind. Hätten beide Gesprächspartner den gleichen Bezugsrahmen, hätten sie vielleicht ein Problem, das es zu lösen gilt, aber keinen Konflikt. Wenn ein Vorgesetzter zum Mitarbeiter sagt: »Die Arbeit, die Sie abgeliefert haben, ist leider nicht ausreichend!«, und der Mitarbeiter antwortet: »Ich weiß aber nicht, wie ich es besser machen soll«, hat er offenbar den gleichen Bezugsrahmen, was die Qualität der Arbeit betrifft, und es gibt höchstens das Problem »Wie geht es besser?« zu lösen. Antwortet der Mitarbeiter jedoch: »Aber ich bitte Sie, es ist doch genauso, wie Sie es haben wollten!«, prallen ganz offensichtlich zwei unterschiedliche Sichtweisen aufeinander.

In einem solchen Fall ist es nicht sinnvoll, sofort dagegenzuhalten. Stellt jemand seine Sicht der Dinge dar, so sollte sie exakt erfragt werden, denn jede unserer Aussagen ist gespickt mit Worthülsen, die mit Inhalt gefüllt werden müssen.

Worthülsen, wie weiter oben schon ausgeführt, sind all jene Begriffe, in die jeder das hineininterpretiert, was laut seines Bezugsrahmens hineingehört. In meinen Trainings sind die Teilnehmer immer wieder überrascht, wenn anhand des Videos deutlich wird, wie viele Worthülsen von jedem verwendet werden und dass die Qualität der Aussagen, wenn man sie nicht exakt erfragt, sich tatsächlich auf dem Niveau bewegt von: »Wenn Sie XY machen, fühle ich mich total Z !«

Typische Sätze, die mit Worthülsen gespickt sind, könnten etwa sein:

- »In letzter Zeit sind Sie immer so komisch zu mir!« Was bedeutet »in letzter Zeit«? Was meint der Sprecher mit »immer« und was mit »komisch«?

- »Ich kann mit Ihren Unterlagen gar nichts anfangen!« Auf welche Unterlagen bezieht sich diese Feststellung? Und was ist mit »gar nichts« gemeint?
- »Sie machen doch sowieso immer nur, was Sie wollen!« Auf welche Handlung genau bezieht sich dieser Vorwurf? Und welchen Zeitraum meint »immer«?
- »Sie haben Ihr Budget gewaltig überschritten!« Wie viel ist in Mark und Pfennig »gewaltig«?

Es gilt zunächst, für Worthülsen sensibel zu werden, sie überhaupt wahrzunehmen. Und wenn man dann damit beginnt, sie zu hinterfragen, wird man verblüfft feststellen, dass etwas, von dem man geschworen hätte, dass es für alle die gleiche Bedeutung hat, von anderen mit gänzlich anderem Inhalt gefüllt wird.

Ein Autoverkäufer erzählte mir die Geschichte einer Kundin, die ein »sportliches« Auto kaufen wollte. Alle seiner Ansicht nach sportlichen Attribute der Autos, die er ihr zeigte, ließen sie jedoch völlig kalt. Schließlich ging sie begeistert auf ein seiner Ansicht nach biederes Fahrzeug zu, mit dem Hinweis, so ein sportliches Modell wolle sie. Es war rot! In ihrem Bezugsrahmen wurde die Sportlichkeit durch die Farbe repräsentiert.

Ein weiteres Beispiel ist der berühmte Fall der »peanuts«, der die Deutsche Bank so viele Sympathien gekostet hat. Im Bezugsrahmen eines Bankers, der gewohnt ist, in Milliardenbeträgen zu denken, waren die Millionen, um die es ging, für ihn wahrscheinlich wirklich keine Summe, die ihm schlaflose Nächte bereitet hat – im Gegensatz zu anderen Menschen. Um es noch einmal ganz deutlich zu sagen:

> **Solange ich die Worthülsen des anderen nicht »geknackt« habe, weiß ich gar nicht, worüber wir eigentlich reden.**

Solange ich den Bezugsrahmen des anderen nicht kenne, habe ich keine Chance, eine einvernehmliche Lösung zu finden.

Für viele Menschen ist ein Konflikt fast so etwas wie eine

Kriegserklärung. Aber selbst wenn man diesen Kontext benutzt, ist es besser, viele Fragen zu stellen, statt gleich zu schießen. Kein Heerführer wirft seine ganze Hauptstreitmacht gleich auf ein Häuflein von 20 gegnerischen Soldaten. Nein, am Vorabend der Schlacht werden viele Kundschafter losgeschickt, die in Erfahrung bringen sollen, wo die gegnerischen Truppen liegen, wie sie organisiert sind, welches ihre Ziele sind.

Unsere Kundschafter sind Fragen. Je mehr wir davon stellen, desto mehr entdecken wir vom anderen, ohne selbst etwas preiszugeben. Manchmal entdecken wir aber auch, dass wir eigentlich gar keinen Konflikt haben, sondern nur eine unterschiedliche Art, die Dinge auszudrücken.

In einem meiner Trainings ließ ich die Teilnehmer eine Übung in Dreiergruppen machen. Zwei Teilnehmer, die über ein kontroverses Thema diskutieren sollten, hatten dabei die Aufgabe, die Position des anderen genau zu hinterfragen, der dritte Teilnehmer sollte auf die Einhaltung dieser Übung achten und notfalls intervenieren. Ich ging reihum, und bei einer Gruppe, zu der ich kam, schlugen die Emotionen der beiden Übenden bereits recht hohe Wogen. Der dritte Teilnehmer traute sich schon gar nichts mehr zu sagen. Als sie jedoch schließlich wieder anfingen, gegenseitig ihre Worthülsen zu erfragen, stellte sich sehr schnell heraus, dass sie beide das Gleiche wollten, nur mit ganz unterschiedlichen Worten. Einer der beiden Teilnehmer meinte verblüfft: »Und ich war schon drauf und dran, diesen Menschen zu verabscheuen!«

Es gibt einen weiteren Vorteil der Methode, zunächst viele Fragen zu stellen. Es kommt sehr oft vor, dass die Befragten merken, wie widersprüchlich ihre eigene Position ist, und selbst damit beginnen, sie zu relativieren.

Last but not least zeigen wir durch Fragen, dass wir uns wirklich Mühe geben, den anderen zu verstehen. Für die meisten Menschen gilt, dass sie sehr schnell und sehr heftig emotional reagieren, wenn sie das Gefühl haben, der andere bemüht sich nicht, sie zu verstehen. Das reizt zu Aggression und beeinträchtigt die Beziehungsebene. Doch wenn der andere spürt, da ist jemand, der sich anstrengt, zu verstehen, um was es mir geht, nimmt das dem Konflikt die Aggressivität.

Ein gutes Beispiel dafür, wie viel es bringt, nur zu fragen und zuzuhören, statt sich zu rechtfertigen und zu verteidigen, war der Fall eines Hotelmanagers. Er hatte die Leitung eines Hotels übernommen, in dem einstmals viele Seminare einer Firma, für die ich häufig arbeite, stattfanden. Aufgrund verschiedener ärgerlicher Vorfälle beschlossen die firmeninternen Trainer, dieses Hotel nicht mehr zu buchen. Eines Tages erhielten sie einen Anruf vom neuen Hotelmanager, dem bei der Durchsicht der Unterlagen aufgefallen war, dass diese Firma früher häufiger Gast des Hauses war. Er bat um ein Gespräch, was ihm auch gewährt wurde. Die beiden für die Hotelbuchungen zuständigen Trainer erwarteten sich von dem Gespräch einfach nur das Übliche, Verteidigungen, Rechtfertigungen, eventuell Beteuerungen, dass so etwas nicht mehr vorkommen würde.

Der Hotelmanager überraschte sie jedoch damit, dass er nach der Begrüßung Papier und Stift zückte und nichts weiter sagte als: »Ich höre!« Auf die verblüffte Frage der beiden, antwortete er: »Ich bin heute nur hierher gekommen, um Fragen zu stellen. Ich will ganz genau wissen, was Ihr Anliegen ist und was Sie alles gestört hat!« Nachdem er sich alles notiert hatte, verabschiedete er sich.

Er ließ jedoch bereits nach einer Woche wieder von sich hören, mit der Bitte um einen neuerlichen Gesprächstermin. Bei dieser Gelegenheit legte er dar, was er alles unternommen hatte, um bei den beanstandeten Punkten Abhilfe zu schaffen. Schließlich wollte er wissen, ob die Herren unter diesen Umständen bereit wären, noch einmal probehalber ein Seminar in seinem Haus durchzuführen. Das verlief zu solcher Zufriedenheit, dass diese Firma wieder Stammgast ist. Darüber hinaus konnte der Hotelmanager sein Haus ganz beträchtlich erweitern.

Den Bezugsrahmen bestätigen

Es genügt jedoch nicht, den Bezugsrahmen des anderen nur kennen zu lernen, man muss ihn auch bestätigen.

Wenn uns jemand seine Sichtweise darlegt, die wir nicht teilen können, so greifen wir sie an in der Hoffnung, damit den anderen dazu zu bringen, von seiner Position abzurücken. Was wir damit erreichen, ist jedoch das Gegenteil. Der andere hält erst recht an seiner Sicht der Dinge fest, denn er muss seine Meinung, oder was er für Tatsachen hält, verteidigen. Damit jemand seine Position verlassen kann, muss diese Position erst einmal als mögliche Sichtweise vom Gegenüber akzeptiert werden.

Unsere durch unterschiedliche Erfahrungen und Werte geprägten Bezugsrahmen lassen uns jeweils unterschiedliche Standpunkte zu einem Problem einnehmen. *In einem Konflikt versucht jeder, den anderen dazu zu bringen, seinen Standpunkt zu verlassen und den eigenen einzunehmen.* Voraussetzung dafür ist jedoch, dass zunächst Verständnis für den anderen signalisiert wird. Das heißt allerdings nicht, dass man dem anderen Recht geben muss. Greift man jedoch seine Position sofort an, erntet man normalerweise Verteidigung oder einen Gegenangriff, womit der Konflikt weiter läuft.

Betrachten wir dazu ein Beispiel: Bei einem Projekt, das für einen Kunden gemacht wurde, hat es Unstimmigkeiten gegeben, und jener Kunde reklamiert heftig, das Projekt sei nicht vereinbarungsgemäß fertig. Um die Angelegenheit zu klären, schaltet sich der Chef in die Sache ein, er trägt schließlich die Hauptverantwortung. Zu seiner Bestürzung muss er feststellen, dass zu Projektbeginn gegen alle Regeln kein exaktes Pflichtenheft erstellt wurde. Jetzt, in der Schlussphase des Projektes, hat das dazu geführt, dass der Kunde Zusatzforderungen stellt und dies damit begründet, für ihn seien diese Leistungen als Teil des Projektes immer klar gewesen. Der das Projekt leitende Mitarbeiter wiederum steht auf dem Standpunkt, das sei keineswegs von vornherein klar gewesen, sondern eindeutig eine Zusatzleistung, für die der Kunde auch zusätzlich zahlen müsse. Diese Sicht der Dinge hat den Kunden verärgert.

Um sich einen genauen Überblick zu verschaffen, bittet der Chef den Projektleiter zu einem Gespräch. Er fragt ihn: »Wieso ist das Projekt immer noch nicht fertig?«

Dieser rechtfertigt sich sofort: »Wir sind eigentlich fertig! Das, was der Kunde jetzt noch will, sind sowieso zusätzliche Leistungen. Er will sich nur um das Bezahlen drücken!«

Chef: »Was wurde denn am Anfang vereinbart?«

Projektleiter: »Das war leider nicht alles so klar schriftlich vereinbart, weil der Kunde solchen Druck gemacht hat, dass das Projekt endlich laufen soll!«

Chef: »Ja, aber Moment mal, das ist doch Ihre Aufgabe als Projektleiter, dafür zu sorgen, dass genau diese Dinge geklärt werden. Sie müssten doch langsam wirklich wissen, dass es damit sonst immer Schwierigkeiten gibt!«

Projektleiter: »Wenn ich dem Druck des Kunden nicht nachgegeben hätte, wäre er doch ganz vom Auftrag zurückgetreten. Ich hatte doch gar keine Chance, es anders zu machen!«

Chef: »Unsinn, der war doch vertraglich schon gebunden. Das war doch nur heiße Luft. Sie haben einfach Ihren Job nicht richtig gemacht!«

Was darauf folgt, kann man sich vorstellen: Nämlich immer hitziger vorgetragene Erklärungs- und Rechtfertigungsversuche des Mitarbeiters. Er wird sich aus nachvollziehbaren Selbstschutzgründen immer weiter darauf versteifen, dass er keine Chance hatte und jetzt in die Pfanne gehauen wird.

Wenn der Chef einen Versuch machen wollte, den Bezugsrahmen des Mitarbeiters zu bestätigen, um auszuprobieren, wie das Gespräch anders verlaufen könnte, könnte das zum Beispiel so klingen:

Beispiel

»Ich kann gut verstehen, dass Sie durch den Kunden gewaltig unter Druck gekommen sind. Mir ist schon klar, dass der Kunde sich am Anfang wahrscheinlich auch noch gar nicht so endgültig festlegen wollte, sondern lieber einiges offen halten wollte. Da wir aber wissen, dass aus solchen Unklarheiten immer Ärger entsteht, ist es mir sehr wichtig, dass Sie in Zukunft, bei neuen Projekten, das Pflichtenheft sehr sorgfältig abklären! Wenn wieder einmal ein Kunde so starken Druck macht, können Sie sich jederzeit an mich wenden, damit ich Sie unterstützen kann!«

Dieses Vorgehen gibt natürlich keine 100-prozentige Gewähr, dass die Situation sich entspannt. Doch die Chance, dass der Mitarbeiter auf lange Verteidigungsmaßnahmen verzichtet, weil er seine Position gewürdigt sieht, ist eindeutig höher. Statt seine Energie zum Selbstschutz einzusetzen, kann er sie nutzen, um nach einer Konfliktlösung zu suchen.

Vom eigenen Standpunkt aus betrachtet, hat meist jeder »Recht« mit seiner Sicht auf das Problem, denn es gibt für alles gute und gewichtige Argumente. Wenn ich deutlich mache, dass ich bereit bin, die Sicht des *anderen* zu verstehen, erleichtere ich ihm den Weg zum Verständnis *meiner* Haltung. Wer sich nicht zum Zwecke der Verteidigung fugendicht abschotten muss, kann im wahrsten Sinne des Wortes offen bleiben oder werden. Wer offen ist für andere, mit dem lässt sich reden, nicht streiten.

Klären, was will der andere – was will ich

In einem Konflikt werden häufig Vorwürfe gemacht, anstatt zu klären, was die unterschiedlichen Parteien wollen. So entstehen Missverständnisse, die vermieden werden können und der Lösung im Weg stehen.

Das wird an folgenden Beispielen deutlich:

Wir hatten den Auftrag, für einen unserer Kunden eine Mitarbeiterbefragung durchzuführen. Der zu verwendende Fragebogen wurde von einem meiner Mitarbeiter zusammen mit einem Praktikanten entwickelt. Die beiden steckten sehr viel Zeit und Energie in das Projekt, doch schien der Kunde immer unzufrieden mit ihrer Arbeit zu sein. Das gipfelte schließlich in einem sehr ärgerlichen Fax, in dem uns mitgeteilt wurde, die abgelieferte Fassung des Fragebogens sei überhaupt nicht das, was man sich vorgestellt hätte, und man hätte Besseres für sein Geld erwartet!

Mitarbeiter und Praktikant waren sehr bestürzt, konnten sich das harsche Urteil nicht erklären und hätten dem Kunden am liebsten sofort all ihre Rechtfertigungen und Begründungen, warum der Fragebogen so und nicht anders sein kann, vorgetragen.

Ich schlug vor, zu dritt zum Kunden zu fahren, überzeugte die beiden während der Fahrt davon, sich nicht zu rechtfertigen, nichts zu erklären, sondern zunächst nur zu fragen und zuzuhören. Wir drei setzten uns schließlich an einem langen Verhandlungstisch den vier Vertretern der Geschäftsleitung gegenüber.

Kritisiert wurde, dass es zu viele Fragen, die die Führung betreffen, und zu viele Multiple-Choice-Fragen gab. Statt nun alles wissenschaftliche Beweismaterial als Geschütz aufzufahren, um darzulegen, warum es korrekt war, den Fragebogen so zu gestalten, fragten wir nach, welche Fragen ganz konkret problematisch seien, und konnten uns sehr schnell darauf einigen, auf drei Fragen zu verzichten. Und was denn genau an den Multiple-Choice-Fragen das Störende sei? Die Antwort lautete, so eine Mitarbeiterbefragung sei ja eine teure Sache, das würde man so schnell sicher nicht wiederholen, und da wolle man eben so viel Information wie möglich erhalten. Von offenen Fragen erhoffte man sich in dieser Hinsicht einen erheblich größeren Gewinn.

Wir bestätigten zunächst den Bezugsrahmen des Kunden, in dem wir vermittelten, dass wir großes Verständnis für dieses Anliegen hatten. Doch es gäbe dabei ein Problem ... Und jetzt waren die vier Damen und Herren der Geschäftsleitung offen und bereit dafür anzuhören, welche großen Auswertungsschwierigkeiten offene Fragen darstellen. Sie verstanden, dass und warum es auch für sie selbst einen erheblichen Mehraufwand bedeuten würde, wenn der Fragebogen so viele offene Fragen enthielte, wie sie das ursprünglich wollten. Auch hier war eine Einigung schnell erzielt, der Konflikt war aufgelöst und das ursprüngliche sehr gute Klima zwischen dem Kunden und uns wieder hergestellt.

Die Interessen hinter den Positionen

Wenn es darum geht zu klären, was die Konfliktpartner wollen, ist es wichtig herauszufinden, welche Interessen hinter den jeweiligen Positionen stehen.

Ich begann meine Seminartätigkeit im Firmenbereich gemeinsam mit einem Unternehmer, der mich als Ausbilder für Transaktionsanalyse kennen gelernt hatte, und der die guten Erfahrungen, die er anschließend mit der Transaktionsanalyse in seiner eigenen Firma gemacht hatte, an andere Führungskräfte weitergeben wollte.

Nachdem die ersten Seminare, die wir gemeinsam durchgeführt hatten, ein Erfolg waren, sagte er mir, dass er ein Seminarunternehmen gründen wollte. Ich fand die Idee prima und meinte, wir sollten also gleichberechtigte Partner in diesem Unternehmen sein. Nein, nein, so hatte er das nicht gedacht, er wollte ein Unternehmen gründen, und ich sollte auf Honorarbasis für ihn arbeiten. Das kam für mich überhaupt nicht in Frage, ich war an einer 50-prozentigen Beteiligung an den Gewinnen interessiert, alles andere war indiskutabel! Aber da war er nun entschieden dagegen, gemeinsam mit einem anderen gründete er keine Firma und damit basta! Wir drohten uns ernstlich zu streiten, als mein Geschäftsfreund auf die gute Idee kam, mich zu fragen, warum mir das denn so wichtig sei, Partner in der Firma zu sein.

Das brachte mich erst einmal ins Stocken, denn so genau hatte ich mir das gar nicht überlegt, die Frage zwang mich jedoch dazu. Es ging um Folgendes: Ich war überzeugt davon, dass eine solche Firma sehr erfolgreich sein würde, sodass bald weitere Trainer eingestellt würden, die dann Geld verdienen würden mit meinen Ideen und Inhalten. An diesem Gewinn wollte ich beteiligt sein. Mein Freund war sehr erleichtert: »Wenn das alles ist!«

Sein Bezugsrahmen, geprägt von seinen Erfahrungen, sagte ihm: »Zwei gleichberechtigte Geschäftspartner – das läuft auf viel Ärger hinaus. Das kommt nicht Frage!« Aber sich mit mir über eine Lizenzgebühr zu einigen, die ich für alles erhalten sollte, was eventuelle andere Trainer mit dem verdienen würden, was sie von mir gelernt hatten, war für ihn überhaupt kein Problem. Und für mich war diese Lösung viel besser, denn eigentlich wollte ich mir damals die Arbeit, die eine Unternehmensführung macht, gar nicht aufbürden.

Wann immer wir auf unseren Positionen beharren, tun wir das in dem Glauben, damit eines unserer Probleme zu lösen!
Wenn ich nicht weiß, welches Problem der andere lösen will,

sprich, welches die Interessen hinter seiner Position sind, habe ich keine Möglichkeit, nach anderen Lösungsansätzen für dasselbe Problem zu suchen. Natürlich wird es sich nicht immer so regelrecht wie im oben geschilderten Fall abspielen, dass man sogar eine bessere Lösung findet als die, auf der man ursprünglich beharrte, oft gibt es »nur« eine genauso gute Lösung oder einen guten Kompromiss. Doch das Erfragen und Kennenlernen der Interessen öffnet das Feld für die Lösungssuche.

Allein schon durch das Nutzen dieser vier Konfliktlösungsstrategien:

* den Bezugsrahmen erfragen
* den Bezugsrahmen bestätigen
* klären, was der andere will
* die Interessen, die hinter einer Position stehen, erfragen

kann man den größten Teil aller Konflikte konstruktiv wenden. Doch es gibt noch ein paar Hinweise mehr, die nützlich sind, um eine Konflikteskalation zu vermeiden.

Spitzen ignorieren

In vielen Konflikten sind Ironie und Provokationen die »Kriegserklärung«, mit der die Feindseligkeiten eröffnet werden. Dieses Verhalten ist jedoch für gewöhnlich bedingt durch Verärgerung und deshalb meistens nicht so hart gemeint, wie es ankommt. Der Verärgerte sucht einfach nach einer Möglichkeit, Dampf abzulassen, ohne gleich eine Keule zu gebrauchen.

Für den Verlauf eines Konfliktes ist es besser, ironische oder provozierende Äußerungen nicht zu beachten, statt in Verteidigungshaltung zu gehen oder einen Gegenangriff zu starten. Wenn man es schafft, auf solche Spitzen nicht zu reagieren, nimmt das sehr viel Spannung aus der Situation und trägt zur Deeskalation bei, denn in den meisten Fällen hört der andere auf zu provozieren, wenn er darauf keine Reaktion erhält.

Ich habe im Coaching den Entwicklungsleiter eines Softwarehauses darin trainiert, eine besonders schwierige Kundenveranstaltung zu leiten. Diese Veranstaltung versprach äußerst konfliktgeladen zu werden, denn die Kunden des Softwareherstellers hatten sich zusammengetan und eine Anwenderkonferenz verlangt, weil sie über Qualitätsmängel erzürnt waren.

Die Entwicklung der versprochenen neuen Software war in der letzten Zeit nicht recht vorwärts gekommen, doch die Entwicklungsabteilung hatte ein Konzept vorbereitet, wie man die restliche Entwicklung in wesentlich kürzerer Zeit bewältigen wollte. Der Entwicklungsleiter sollte dieses Konzept bei der Anwenderkonferenz vorstellen, doch es war damit zu rechnen, dass einige der Teilnehmer sowohl sehr aggressiv und provozierend auftreten als auch auf Mängel in der Vergangenheit eingehen würden.

Ich habe das Training so aufgebaut, dass der Entwicklungsleiter lernte, provozierende Äußerungen, auch persönliche Angriffe, zu ignorieren und sich nicht in eine Diskussion über die schließlich nicht mehr einholbare Vergangenheit verwickeln zu lassen. Er lernte, sogar mit solchen Tiefschlägen wie den folgenden, souverän umzugehen: »Sagen Sie einmal, wären Sie nicht im Cabaret besser aufgehoben gewesen? Was Sie uns hier geboten haben, war doch absolut bühnenreif! Sie haben die Entwicklung in der Vergangenheit nicht auf die Reihe gebracht, und jetzt wollen Sie sie auch noch beschleunigen?«

Entscheidend war, dass der Entwicklungsleiter nicht in Verteidigungshaltung ging oder versuchte, sich zu rechtfertigen, was gerade bei persönlichen Angriffen ja leicht passiert, sondern diese Spitzen vollständig ignorierte. Er konterte stattdessen gelassen: »Ich entnehme Ihren Worten, dass es Ihnen ein großes Anliegen wäre, dass die Entwicklung schneller vorwärts geht.« Und auf das »Und ob!« des Teilnehmers reagierte er mit: »Dann würde ich Ihnen gerne zeigen, was wir uns dazu überlegt haben!« – und legte die erste Folie in den Overheadprojektor.

Am Ende dieser heiklen Konferenz bekam er vom Hauptkunden das Feedback: »Wir sind ja alle in sehr aggressiver Stimmung gekommen, aber jetzt gehen wir wieder voller Hoffnung. Das war eine sehr gute Veranstaltung!«

Ein Wort gibt das andere. Den Kreislauf, der sich ergibt, wenn ich eine vermeintliche »Beleidigung« – im Ärger gesprochen – nicht auf mir sitzen lassen will, kann ich nur durchbrechen, wenn ich mir klar mache, dass das, was der andere in seiner Wut da von sich gibt, vermutlich nicht das Geringste mit mir zu tun hat, ich mir diesen Schuh also auch gar nicht anzuziehen brauche. Außerdem hilft es vielleicht, sich zu erinnern, dass wir uns ausnahmslos alle schon einmal im Ton vergriffen haben und trotzdem keine Unmenschen oder Rüpel sind. Wenn es gelingt, eine gelassene Haltung zu bewahren und so zur Deeskalation beizutragen, kommt man sehr viel schneller auf eine konstruktive Ebene.

Wechsel auf die Beziehungsebene

Wenn man von der Sach- auf die Beziehungsebene wechselt, so macht man die Art und Weise, wie man miteinander umgeht, zum Inhalt der Auseinandersetzung. Dies ist eine Konfliktlösungsstrategie, die im Firmenkontext leicht Überraschung oder gar Irritation auslöst. Denn im geschäftsmäßigen Umgang miteinander sind die Menschen oft nicht daran gewöhnt, über etwas anderes als Inhalte zu reden. Doch wie schon gesagt, eine der wichtigsten Kommunikationsregeln lautet: Beziehung geht vor Inhalt, und das stimmt auch im Firmenbereich. Es löst die Spannungen leichter auf, wenn der Beziehungsärger explizit gemacht wird. Wechsel auf die Beziehungsebene hat nichts mit plumper Vertraulichkeit zu tun, sondern heißt einfach, das aussprechen, was ohnehin latent vorhanden ist.

Für einen Kunden aus der Pharmaindustrie führte ich ein Seminar durch, das so gut ankam, dass der entsprechende Abteilungsleiter gleich einen Termin für ein weiteres Training, dessen Organisation ich übernehmen sollte, mit mir vereinbarte. Zwei Tage vor Beginn rief mich jener Abteilungsleiter an, um mir mitzuteilen, dass dieses Training leider storniert werden müsse. Man sei mitten in einer Umstrukturierungsphase, habe keine Hand frei, würde das Training aber sehr gerne zu einem späteren Zeitpunkt nachholen.

Ich hatte Verständnis, bat aber den Abteilungsleiter darum, seinerseits Verständnis zu haben, dass ich, da die Absage so kurzfristig war, ein Ausfallhonorar in Rechnung stellen müsse. Wir einigten uns auf die Hälfte des vereinbarten Honorarbetrages. Das vereinbarte Nachfolgeseminar kam nie zustande, und nach mehreren Telefonaten hatte ich den Eindruck, dass irgendetwas nicht stimmte. Der Abteilungsleiter riet mir, mich schriftlich an die Geschäftsführung zu wenden. Nachdem das getan war, erhielt ich einen Anruf des Geschäftsführers: »Sie wollten wieder für uns Seminare machen?« Natürlich antwortete ich mit: »Ja!« Worauf der Geschäftsführer bemerkte: »Sie waren beim letzten Mal aber ganz schön teuer!« Auf meine Nachfrage, was er damit denn meine, antwortete er: »Nun, für das letzte Seminar, das gar nicht stattfand, mussten wir trotzdem den ganzen Preis bezahlen!«

Ich klärte ihn auf, dass es sich nur um das halbe Honorar gehandelt und ich in vollem Einvernehmen mit dem Abteilungsleiter meine Rechnung geschrieben hatte. Der Geschäftsführer war mit dieser Antwort nicht zufrieden: »Ja, aber wir hatten eine Umstrukturierung, da müssen Sie doch auch einmal kulant sein!«

Der Ton des Geschäftsführers war trotz meiner Erklärungen alles andere als freundlich und aufgeschlossen. Ich fragte: »Heißt das, dass ich Sie verärgert habe, als ich ein Ausfallhonorar in Rechnung gestellt habe?« Dieser Wechsel auf die Beziehungsebene kam für ihn so überraschend, dass er gar nicht gleich antwortete, sondern erst dreimal stotterte, bis er bejahte.

Auch bei meiner nächsten Frage: »Habe ich Sie so sehr verärgert, dass Sie mir eigentlich gar keinen Auftrag mehr geben wollen?«, musste er noch einmal kräftig schlucken, bevor er antwortete: »Eigentlich ja.« Doch trotz dieser letzten Antwort war jetzt erst ein Gespräch möglich geworden, denn die Aggressivität war verschwunden.

Der Wechsel auf die Beziehungsebene kann auch dann hilfreich sein, wenn jemand so unverschämt und persönlich beleidigend ist, dass das bloße Ignorieren der Spitzen ihn nicht veranlasst, damit aufzuhören.

Eine Sachbearbeiterin, die es mit einer sehr heftigen Reklamation zu tun hatte, sah sich einem tobenden Kunden ausgesetzt. Sie hatte sehr viel Verständnis für ihn, weil das, was ihm zugestoßen war, wirklich sehr ärgerlich war, und mühte sich nach besten Kräften, ihm zu helfen. Doch er hörte nicht auf, zu schimpfen und sie persönlich zu beleidigen, bis sie schließlich sagte: »Womit habe ich Ihre Wut und Ihre Beschimpfungen eigentlich verdient? Ich will Ihnen wirklich nur helfen!« Der Wutausbruch endete abrupt, und der Kunde entschuldigte sich sogar.

Humor

Der schnellste Weg, einen Konflikt zu entschärfen, ist natürlich, wenn der Ärger sich in Lachen auflöst. Mit Humor zu reagieren ist aber gleichzeitig auch der gefährlichste Weg, weil man allzu leicht missverstanden wird. Es geht eigentlich nur, wenn man sehr schlagfertig ist und so schnell, dass das eigene Erwachsenen-Ich nicht eingreifen kann, sodass man intuitiv das Richtige sagen kann. Fängt man erst einmal an, darüber nachzudenken, funktioniert Humor in einer Konfliktsituation nicht mehr.

Der Kunde eines Autohauses, der zum dritten Mal in einer Woche einen platten Reifen hatte, stürmte zur Tür herein und begann schon beim Eintreten zu brüllen: »Das ist ja wohl das Allerletzte! Ich habe schon wieder einen Plattfuß!« Ohne nachzudenken, beugte sich die Mitarbeiterin an der Rezeption über die Theke und sagte interessiert: »Ach, zeigen Sie mal!« Nach einem Moment der Verblüffung musste der Kunde schallend lachen.

Mit Humor zu reagieren ist wunderbar, aber auch riskant. Es ist deshalb keine Konfliktlösungsstrategie, die man gezielt einsetzen kann, sondern hängt vom Zufall ab.

Ich-Botschaften

Anders sieht das mit den Ich-Botschaften aus. Sie sind ein wichtiges Instrument zur Deeskalation. Im Gegensatz zu den Du-Botschaften, mit denen man den anderen festlegt und definiert, spricht man mit Ich-Botschaften darüber, was der andere bei einem selbst auslöst. Darüber kann man nicht diskutieren, während man über Du-Botschaften ewig streiten kann. Es macht einen Unterschied, ob ich sage:»Sie sind unzuverlässig!« oder »Nachdem Sie dreimal den Termin nicht eingehalten haben, habe ich den Eindruck, ich kann mich nicht auf Sie verlassen«.

Wenn man konsequent nur darüber spricht, welche Gedanken und Gefühle das Verhalten des anderen bei einem selbst bewirkt, ohne sich dazu verleiten zu lassen, den anderen festzunageln:»Du bist so oder so!«, macht man es ihm leichter, einem zuzuhören. Es nimmt Spannung aus einem Gespräch, wenn der andere merkt, dass er nicht seine Persönlichkeit verteidigen muss, sondern dass über ein bestimmtes Verhalten und dessen Auswirkungen verhandelt wird.

Zu welchem Preis kann ich nachgeben

Im Konfliktfall beißen beide Parteien sich oft in Positionen fest, weil jeder von beiden das Gefühl hat, dass er als Verlierer dastehen wird, wenn er jetzt nachgibt.

Zum Beispiel braucht der Chef just diesen Mitarbeiter ganz unbedingt für ein wichtiges und dringendes Projekt. Der freut sich aber schon auf seinen lang geplanten Urlaub. Diesen Urlaub aus betrieblichen Gründen zu streichen, was der Vorgesetzte auch schon kurz in Erwägung gezogen hatte, würde nur einen völlig unmotivierten Mitarbeiter in das wichtige Projekt versetzen. Das ist also keine Lösung. Gegen Erklärungsversuche ist der Mitarbeiter resistent. Es gibt keine Verhandlungsmasse mehr, deshalb bewegt sich nichts mehr. Gibt der Vorgesetzte nach, fühlt er sich als Versager, weil er das Projekt gefährdet sieht, gibt der Mitarbeiter nach, hält er sich für den Verlierer, weil er das Privatleben hinter die Arbeit stellen muss.

Damit es in dieser verfahrenen Situation vorwärts geht, kann man das Feld für Verhandlungen wieder öffnen mit der Frage: »Unter welchen Bedingungen wären Sie denn bereit, zu diesem

Zeitpunkt auf Ihren Urlaub zu verzichten?« Damit signalisiert man, dass man verstanden hat, dass der andere sich als Verlierer und ungerecht behandelt fühlen würde, wenn man weiter auf seiner Forderung besteht, und man aus diesem Grund bereit ist, noch etwas in die Waagschale zu werfen. Möglicherweise eröffnen sich damit ganz neue Blickrichtungen für den Mitarbeiter: »Ich bin bereit, später in Urlaub zu fahren, wenn ich auch zwischen Weihnachten und Neujahr freimachen kann. Außerdem, wenn ich das Projekt schon machen muss, dann als Projektleiter!«

Nun gibt es Punkte, über die neu verhandelt werden kann. Der Chef kann darüber nachdenken, ob er auf die Forderungen des Mitarbeiters eingehen will oder ob sich die Waage diesmal zu sehr zu seinen Ungunsten neigt. Die Frage nach den Bedingungen, zu denen man bereit wäre, die bisherige Position zu verlassen, hat öffnenden Charakter. Danach ist ein klärendes Gespräch mit guten Chancen für eine Lösung möglich.

Den wahren Kern von Kritik bestätigen

Viele Konflikte speisen sich aus Vorwürfen, die Menschen einander machen. In aller Regel ist niemand so dumm, vollkommen haltlose Vorwürfe zu machen, die müssten zwangsläufig ins Leere laufen. Doch sehr häufig sind Vorwürfe aufgebauscht, weil sie emotional überfrachtet sind. Gegen diese Übertreibung setzt sich der Angegriffene zur Wehr, indem er leugnet, dass überhaupt irgendetwas Wahres daran sei. Und das wiederum ärgert den anderen, weil er genau weiß, dass er keineswegs gänzlich im Unrecht ist. Er kämpft also weiter.

Wenn man mit Vorwürfen konfrontiert wird, lohnt es sich im Sinne der Deeskalation, genau hinzuschauen, was der wahre Kern in dieser Botschaft ist, und diesen Punkt ruhig zuzugeben und zu klären.

Eine Führungskraft hatte eine äußerst heftige Auseinandersetzung mit einem Mitarbeiter, weil dieser trotz mehrfacher Aufforderung wichtige Informationen nicht weitergegeben hatte. Am Tag danach beschwerte sich der Mitarbeiter, der Vorgesetzte habe unangemessen stark reagiert. Um wieder zu einem guten Einvernehmen zu kommen, ist es in einem solchen Fall empfehlenswert, zuzugeben, dass die eine oder andere Formulierung überzogen war. Die Hauptaussage der Kritik bleibt jedoch bestehen.

Wenn man bereit ist, das Fünkchen Wahrheit, das fast immer in einem Vorwurf steckt, anzuerkennen, sind die meisten Menschen schnell bereit, vernünftig zu argumentieren und somit eine Eskalation zu vermeiden.

Problematisch ist diese Strategie allerdings, sobald es sich um juristische Sachverhalte handelt. Als Beispiel mag ein großes Bauprojekt dienen, nach dessen Abschluss Kosten auf die Subunternehmer verteilt werden mussten, weil es zu Schäden gekommen war. Natürlich schob jeder dem anderen die Schuld an den entstandenen Defekten zu. Der Erste, der zugegeben hätte, an den erhobenen Vorwürfen könnte unter Umständen etwas dran sein, hätte wahrscheinlich alle Kosten übernehmen müssen. Da es sich bei dieser Art Konflikt um ein »Gerichtssaal-Spiel« handelt, gelten auch die Regeln wie bei Gericht: »Alles, was Sie sagen, kann gegen Sie verwendet werden.«

6.
Den psychologischen Chefsessel besetzen

Sich bei den Mitarbeitern etablieren

Wie ganz zu Beginn des Buches schon gesagt wurde, genügt es keineswegs, nur den formalen Chefsessel einzunehmen. Worauf es sehr viel mehr ankommt, ist, die psychologische Chefposition zu besetzen, denn dort sitzt der »eigentliche Boss«.

Wenn der Vorgesetzte diesen Platz, aus welchen Gründen auch immer, frei lässt, entsteht ein Machtvakuum, aus dem häufig ein Machtkampf entsteht. Die stärksten Mitarbeiter im Team werden ganz selbstverständlich versuchen, die psychologische Position des Vorgesetzten in Besitz zu nehmen. Allerdings können sie das ja nicht offen tun, da nur der psychologische Chefsessel vakant ist, nicht aber der formale. Es wird also eine andauernde Auseinandersetzung darum geben, wer jetzt das Sagen hat.

Um sich als Vorgesetzter im Team richtig zu etablieren, darf man keine Angst davor haben, Macht auszuüben, denn das ist ein ganz normaler Bestandteil von Führungsaufgaben. Besonders in sozialen Institutionen kann man jedoch häufig beobachten, dass es eher als unanständig gilt, Macht zu haben. Ein Vorgesetzter traut sich aus diesem Grund gar nicht recht, das vielleicht einmal nötige »Machtwort« zu sprechen. Doch selbst ein autoritärer Führungsstil ist letzten Endes besser als ein Machtvakuum, weil er die Führung eines Projektes sicherstellt.

Eine Grundvoraussetzung für jede Führungskraft ist die Bereitschaft, wirklich führen zu wollen, und sich *verantwortungsvoll* mit Macht auseinander zu setzen. Der Missbrauch von Macht ist erstens ethisch nicht vertretbar, zweitens haben Mitarbeiter ein sehr feines Gespür dafür, wann Macht sinnvoll und funktional eingesetzt wird und wann nicht. Wer seine Macht missbraucht, wird auf die Dauer nicht als Vorgesetzter akzeptiert, genauso wenig, wie jemand, der im Grunde genommen nicht führt, denn einen Tyrannen fürchtet man zwar, aber man respektiert ihn nicht.

Um sich den Respekt seines Teams zu erwerben oder zu erhalten, ist jedoch auch ein pseudo-demokratisches Verhalten nicht angebracht, wobei sich die Führungskraft nicht traut, Macht offen auszuüben. Es kommt immer wieder vor, dass Führungskräfte zum Beispiel eine Teamsitzung einberufen, bei der über eine Sache diskutiert wird, die der Chef eigentlich längst entschieden hat. Es liegt auf der Hand, dass sich das Team nicht ernst genommen fühlt. Dieses in den Augen des Teams manipulative Verhalten wirkt sich eher negativ auf die Kooperationsbereitschaft aus. Macht quasi heimlich ausüben zu wollen oder Macht zu stark zu demonstrieren ist beides nicht sinnvoll und wahrscheinlich ein Zeichen von Unsicherheit.

Für eine neue Führungskraft lohnt es sich, sich gleich zu Beginn genau zu überlegen, wo sie Macht ausüben muss und wo sie ohne Macht auskommen, die Dinge kollegial angehen will. Man sollte sich ganz klar darüber sein, was man allein entscheiden will und was gemeinsam mit dem Team. Wenn man zum Beispiel eine Sache schon beschlossen hat, zur Sicherheit aber auch ein Meinungsbild vom Team haben möchte, so sollte man das klar sagen, statt das Team im Glauben zu lassen, es könne noch mitentscheiden.

Ein Abteilungsleiter aus der Computerindustrie hätte sich viel Ärger ersparen können, wenn er das beherzigt hätte. Er hatte eigentlich schon entschieden, die Arbeitsorganisation der Abteilung in einer ganz bestimmten Art und Weise umzustellen, um sie besser an die Kundenbedürfnisse anzupassen. Da er davon ausgehen konnte, dass die Mitarbeiter dagegen sein würden, weil solche Umstellungen immer unbequem sind, berief er eine Teamsitzung ein. Er sagte seinen Mitarbeitern, dass er mit ihnen ein Brainstorming machen wollte, um zu sehen, ob nicht die Arbeitsabläufe verändert werden könnten.

Während dieses Brainstormings bekam das Team seine ganz eigene Dynamik und begeisterte sich immer mehr für Lösungen, die der Abteilungsleiter jedoch sowohl aus fachlichen als auch aus firmenpolitischen Gründen nicht gutheißen konnte. Doch je mehr er versuchte, das Team mit Argumenten von dessen Lösungen abzubringen, desto mehr verteidigte sie das Team. Schließlich fiel ihm gar nichts mehr ein, als aus Verzweiflung ein glattes Veto einzulegen. Daraufhin war sein Team entsetzt, und jeder fragte sich zu Recht, weshalb er die Sitzung einberufen hatte.

Es war nicht leicht für den Abteilungsleiter, diesen Vertrauensverlust wieder wettzumachen. Sehr viel besser wäre es gewesen, sich in der Vorbereitung der Teamsitzung schon zu überlegen: »Was will ich vom Team?«, und das dem Team genau zu erklären. Wenn das Team weiß, weil es ihm erklärt wurde: Aus folgenden Gründen ist der Chef entschlossen, diesen Weg zu gehen, und es geht in der Diskussion nicht mehr um das »ob«, sondern darum, das beste »wie« herauszufinden, spielt das Team auch mit.

Es sind natürlich besonders die jungen Führungskräfte gefährdet, in eine solche Falle zu laufen, erfahrenen Managern passiert das nicht mehr. Sich den Respekt eines Teams zu erwerben und zu erhalten ist eine wichtige Voraussetzung für eine dauerhaft gute Zusammenarbeit.

Eine junge Führungskraft, die sich in der Vertriebsorganisation eines großen Konzerns einen guten Namen gemacht hatte, sollte auf Wunsch der Zentrale dort eine vollkommen neue Aufgabe übernehmen. Im Mai wurde ausgehandelt, dass der Wechsel in die Zentrale im Oktober stattfinden sollte. Im Sommer wurde dieser Führungskraft mitgeteilt, dass eine lang beschlossene Strategiesitzung, die im August stattfinden sollte, von ihr bereits geleitet werden sollte, da der bisherige Abteilungsleiter zu diesem Zeitpunkt schon nicht mehr da sein würde. Man räumte ein, dass das eine sehr schwierige Situation sei, aber nun sei der Termin eben schon lange festgelegt worden, und es sei ja auch wichtig. Der zukünftige Abteilungsleiter wusste nicht, was er tun sollte, und holte sich bei mir im Coaching Rat.

Wir hatten schnell herausgearbeitet, welches die Fallen in dieser Situation waren: Der neue Chef hatte keinerlei Gelegenheit, erste praktische Erfahrungen in seinem neuen Arbeitsfeld zu sammeln, aber es sollten bei diesem Meeting Strategien und Ziele vereinbart werden. Da seine Wissensbasis rein theoretischer Natur war, wäre er entweder völlig abhängig vom Team gewesen oder ganz hilflos. Beides hätte ein psychologisches Gefälle vom Team zur Führungskraft verursacht. Wenn das Team dem Chef sagen muss, was machbar ist und was nicht, so wirkt sich das nicht gerade vorteilhaft auf seinen Stand beim Team aus. Und wenn die Mitarbeiter den Eindruck gewinnen, sie können ihren Chef führen und der bedarf auch ihrer Führung – »Denn er hat ja offenbar keine Ahnung« –, braucht es die doppelte Kraft, dieses Bild wieder geradezurücken. Als erste Transaktion, die entscheidend ist, weil da schon die zukünftigen Kommunikationsmuster festgelegt werden, wäre das ein sehr misslungener Einstieg gewesen.

Doch der Versuch, diese Fallstricke zu vermeiden, indem man so tut, als sei man in der Lage, Entscheidungen zu treffen, und sich entsprechend verhält, führt letztlich zum selben fatalen Ergebnis. Da solche Entscheidungen zwangsläufig nur im Glücksfall richtig sein können, da man sein Spielfeld noch nicht kennt, wird das Team wiederum zur selben Einschätzung kommen: »Er hat ja keine Ahnung!« Und wenn er Pech hat, lässt das Team ihn auch ins offene Messer laufen: »Er wird schon merken, wenn es weh tut.«

Wie man es auch dreht und wendet, würde sich der zukünftige Abteilungsleiter darauf einlassen, diese Strategiesitzung zu leiten, hätte er keine Chance, sich bei seinem Team zu etablieren, und das, noch bevor er den Job überhaupt angetreten hat. Das Meeting ganz ohne ihn zu machen wäre aber natürlich auch sinnlos. Mit diesen Argumenten ausgerüstet, gelang es dem zukünftigen Abteilungsleiter, seinen nächsthöheren Chef davon zu überzeugen, dass es für alle besser sein würde, die Strategiesitzung so weit nach hinten zu schieben, dass dem neuen Chef wenigstens Zeit bliebe, sein Arbeitsfeld kennen zu lernen und sich beim Team einzuführen.

Um sich beim Team zu etablieren, muss man, wie gesagt, seinen Respekt in zweierlei Hinsicht gewinnen. Die meisten Teams erwarten sowohl fachliche als auch Führungskompetenz. Allerdings ist es gerade im High-Tech-Bereich natürlich oft so, dass die Führungskraft keineswegs der beste Fachmann ist, der Chef also lauter Spezialisten zu führen hat, die ihm in ihrem Fach überlegen sind. Er muss sich aufgrund seiner Führungsqualitäten etablieren. Das Team muss merken, dass der Vorgesetzte in der Lage ist, Situationen schnell und richtig zu analysieren, Entscheidungsprozesse voranzutreiben und die richtigen Leute zusammenzubringen. Kurz, er muss imstande sein, das Team effektiv zu machen.

Das zu schaffen ist fast immer ein Balanceakt zwischen der so genannten Menschen- und der Ergebnisorientierung. Man wird immer einmal mehr zu der einen, dann mehr zu der anderen Seite neigen, um ein gutes Gleichgewicht zu erreichen. In der theoretischen Auseinandersetzung mit dem Thema Management wurden verschiedene Phasen durchgemacht: Mal ging es um Ergebnisorientierung um jeden Preis, dann hieß es wieder, nur die Menschenorientierung sei allein sinnvoll. Viele Firmen machten den Trend zur Menschenorientierung auch zumindest verbal mit, und es wurde große Mode, von Human Resources zu sprechen. Erfreulich daran ist, dass man doch wenigstens erkannt zu haben scheint, dass Menschen Ressourcen sind, wie etwa Rohstoffe. Noch besser wäre es allerdings, wenn Firmen auch erkennen würden, dass »Personalkosten« keine Kosten sind, sondern Investitionen. In einigen Fällen kommt das schon vor:

Der Projektleiter eines ziemlich großen mittelständischen Betriebes wurde zum Vorstand gerufen. Er erwartete seine Kündigung, denn sein Projekt für 500 000 Mark war gerade fehlgeschlagen. Der Vorstand stellte ihm viele Fragen, erkundigte sich nach der Ausgangssituation, wollte wissen, was der Projektleiter gemacht habe, und fragte, warum er bestimmte Schritte nicht unternommen habe. Im Laufe des Gespräches wurde dem Projektleiter immer deutlicher, dass das Projekt nicht zwingend hätte scheitern müssen. Entsprechend mulmiger wurde ihm, und er sah dem Ende des Gespräches mit Bangen entgegen. Doch schließlich geschah nichts weiter, als dass er freundlich verabschiedet wurde. Er konnte sich nicht zurückhalten, verdutzt zu fragen: »Wie, Sie werfen mich jetzt nicht hinaus?« Der Vorstand verblüffte ihn noch mehr mit der Antwort: »Na hören Sie mal, ich habe gerade 500 000 Mark in Sie investiert! Da werde ich Sie doch nicht hinauswerfen! Diese Fehler machen Sie gewiss kein zweites Mal.«

Obgleich die Motivationen der Führungskräfte, die sich der reinen Menschenorientierung verschrieben hatten, erfreulich gewesen sein mögen, gab es dennoch auch Schwierigkeiten. Es kommt immer wieder vor, dass Führungskräfte sich verleiten lassen, hauptsächlich für ein gutes Klima zu sorgen, was sich auf die Dauer nachteilig auf die Ergebnisse auswirkt. Wenn die Ergebnisse jedoch dauerhaft hinter ihren und auch den Erwartungen der Mitarbeiter zurückbleiben, beeinträchtigt das seinerseits die Arbeitsatmosphäre erheblich.

Außerdem zeigt sich häufig, dass Privilegien, die man Mitarbeitern gewährt, von ihnen schnell als selbstverständlich hingenommen werden. Sobald man sich an etwas, von dem man glaubt, es stehe einem zu, gewöhnt hat, kommen schnell die alte Unzufriedenheit und die Forderung nach mehr zurück. Ich konnte das in einem großen Konzern beobachten, der seinen Mitarbeitern Kaffee und Tee sowie morgens ein Frühstück in Form belegter Brötchen und jeden Nachmittag zuerst Kuchen, später aus Gesundheitsgründen Obst zur Verfügung stellte. Jeder neue Mitarbeiter war von diesem Service begeistert, doch die langjährigen meckerten recht gerne: »Was, schon wieder dieser Käse! Wieso gibt es schon wieder das gleiche Obst wie letzte Woche!«

Nach Möglichkeit für ein gutes Klima zu sorgen, auch indem man den Mitarbeitern besondere Vergünstigungen bietet, ist eine gute Sache, doch ausreichend ist das natürlich nicht.

> **Zum guten Führungsstil gehört nicht nur fördern, sondern auch fordern.**

Auf Dauer ist es wahrscheinlich für jeden Mitarbeiter befriedigender, in einem Team mitzuarbeiten, das mit guten Ergebnissen aufwarten kann: Nichts motiviert mehr als Erfolgserlebnisse. Deswegen kann die Frage niemals sein, ob man nach Gesichtspunkten der Menschenorientierung oder nach solchen der Ergebnisorientierung führen will oder soll. Man muss das eine tun, ohne das andere zu lassen.

Vielleicht mag jetzt der eine oder andere einwenden, dass es doch Manager gibt, die mit reiner Ergebnisorientierung sehr erfolgreich sind. Das trifft sicherlich auch zu, doch wird bei diesen Erfolgsstorys meist zu erwähnen vergessen, welchen Preis die Firma und die Mitarbeiter dafür zahlen, zum Beispiel mit hohen Krankenständen und hoher Fluktuationsrate.

Ich halte nichts davon, nur die Peitsche zu schwingen, aber ich befürworte genauso wenig, nur wohlmeinend auf die Wünsche der Mitarbeiter einzugehen. Um den notwendigen Respekt zu erhalten, muss man auch Grenzen setzen. Das Wort Respekt leitet sich ab von dem lateinischen Verb respicere, was sinngemäß mit »berücksichtigen« übersetzt werden kann. Jemanden, der mir nie Widerstand entgegensetzt, mir nie Grenzen aufzeigt, den brauche ich nicht zu berücksichtigen, über den kann ich hinweggehen.

Was ich mit Balance zwischen Nachgiebigkeit und Festigkeit meine, lässt sich vielleicht am Beispiel eines Hauses verdeutlichen. Wenn ich ein Haus möglichst flexibel gestalten will, so müssen die Innenwände jederzeit verschiebbar sein, die Außenmauern und die tragenden Wände jedoch sind fest.

Als Führungskraft wäre ich jederzeit bereit, über die Innenwände zu diskutieren, aber die tragenden Pfeiler sind unantastbar, darüber braucht noch nicht einmal gesprochen zu werden. Dies machte ein junger Unternehmer, der in eigener Analyse herausgefunden hatte, dass seine größte Marktchance darin bestand, für absolute Pünktlichkeit und Zuverlässigkeit zu sorgen. Das war genau der Punkt, in dem er sich am besten von seinen Mitbewerbern unterscheiden konnte. Mit diesem einfachen Rezept war er so erfolgreich, dass er bereits nach sieben Jahren auf seinem Gebiet Marktführer war. Innerhalb der Firma befleißigte er sich einer sehr experimentellen Unternehmensführung. Er veränderte immer wieder sowohl Ablauforganisation als auch Aufbauorganisation und überprüfte diese Maßnahmen anhand von Zahlen und Statistiken auf ihre Auswirkungen. Für Anregungen der Mitarbeiter war er jederzeit offen, und wenn jemand der Meinung war, dass die Struktur seiner Abteilung zu verbessern sei, wurde jeder Veränderungswunsch ernst genommen und diskutiert. Aber es durfte niemals ein Termin überzogen werden oder in anderer Hinsicht unzuverlässig gehandelt werden! Das Verschieben eines Termins, und sei es aus strategischen Gründen, war noch nicht einmal diskutierbar. Wer gegen diese Regel verstieß, wurde heftig konfrontiert. Pünktlichkeit und Zuverlässigkeit sind die tragenden Pfeiler dieses Erfolgsgebäudes.

Wer sich den Respekt seines Teams verschaffen will, muss es von seinen Führungsqualitäten überzeugen. Sie sind eng mit Effektivität verbunden. Wer effektiv ist, ist imstande, fundierte Situationsbewertungen durchzuführen und ohne Zögern Entscheidungen zu treffen. Wie in dem oben geschilderten Beispiel der jungen Führungskraft, die in die Zentrale ihres Konzern wechselte, dargestellt wurde, muss man dazu sein Spielfeld kennen, muss wissen, was Sache ist. Am schnellsten macht man sich tatsächlich ein Bild von seinem neuen Arbeitsumfeld, wenn man Einzelgespräche mit den neuen Mitarbeitern führt. Gruppensitzungen sind dazu deutlich weniger geeignet. In jedem Team gibt es Wortführer, die sich sehr häufig äußern, und andere, die sich kaum trauen, den Mund aufzumachen. Was man bei Gruppensitzungen erfährt, muss aber nicht unbedingt richtig sein, weil es von der Einschätzung dieser wortgewandten Mitarbeiter häufig stark gefärbt ist. Um zu einer fundierten Situationsbewertung zu kommen, braucht man auch die Aussagen der weniger Extrovertierten.

Außerdem ist es wichtig, sowohl das Spielfeld als auch die Spieler kennen zu lernen. Wer in Teamsitzungen passiv oder zurückhaltend ist, muss keineswegs ein schlechter Mitarbeiter sein. Einzelgespräche sind auf jeden Fall anzuraten, denn dabei sind Personen und ihre Sichtweisen sehr viel besser zu erkennen. Da sie eine gewisse Vorbereitung brauchen, ist es nicht empfehlenswert, gleich am ersten Tag damit zu beginnen.

Die Vorbereitung der Einzelgespräche

Bevor man mit jedem einzelnen Mitarbeiter spricht, ist es sinnvoll, sich zunächst ein Bild davon zu machen, was in etwa die Tätigkeiten des Einzelnen sind, in welchen Projekten jener gerade beschäftigt ist. Die Arbeits- oder Projektberichte sollte man gelesen haben. Diese Lektüre erleichtert es, sich fachliche und inhaltliche Fragen zu überlegen. Gibt es keine Berichte, muss man seine Fragen ohne ihre Hilfe formulieren. Sie sind wichtig, um den Mitarbeitern zu signalisieren, dass man sich mit ihrem Job schon beschäftigt hat und sie wertschätzt.

Eventuelle Veränderungsvorschläge, die einem dabei schon in den Sinn kommen, sollte man allerdings erst einmal zurückhalten. Zum einen weiß man vermutlich längst noch nicht genug, um sinnvolle Veränderungen vorzuschlagen, zum anderen muss man in diesem frühen Stadium mit dem Widerstand des Mitarbeiters rechnen. Wie weiter oben schon gesagt, enthalten Veränderungsvorschläge in den Ohren der Betroffenen die Botschaft: »Deine bisherige Arbeit war nicht gut genug!« Werden Maßnahmen, die an und für sich wirklich geeignet wären, eine Verbesserung herbeizuführen, zu früh vorgeschlagen, bewirken sie häufig weniger als erhofft.

Diese Erfahrung machte auch ein großer Pharmakonzern. Ein Trainer führte mit einem Verkäufer ein spezielles Coaching durch, in dessen Verlauf sie ganz spezielle Verkaufsstrategien entwickelten. Die Folge war eine enorme Umsatzsteigerung bei diesem Verkäufer. Seinem Chef blieb das natürlich nicht verborgen, und der Verkäufer berichtete ihm, was er sich im Coaching erarbeitet hatte. Daraufhin entwickelte der Chef eine generelle Strategie für ganz Deutschland und sprach auch mit seinem Vorgesetzten sowie dem internationalen Chef darüber. Man war von diesem Konzept so überzeugt, dass man es sehr schnell umsetzen wollte. Jedoch machte man die enttäuschende Erfahrung, dass es nach Anfangserfolgen zu einer Stagnation kam.

Trainer, die dieses Phänomen untersuchten, stellten schließlich fest, dass die zwischengeschalteten Chefs, denen dieses Konzept vor die Nase gesetzt worden war, die Strategien zum Teil stark abgewandelt, gar verfälscht oder vereinbarte Maßnahmen überhaupt nicht ergriffen hatten und entgegen der Vereinbarung ihre Mitarbeiter gänzlich unvorbereitet in Spezialtrainings geschickt hatten.

In ihrer Begeisterung für die erwartete Umsatzsteigerung hatten die oberen Führungskräfte völlig übersehen, was alles implizit in den geforderten Veränderungen steckte: Für die betroffenen Chefs hießen gewaltige Umsatzsprünge nämlich, vielleicht ohne dass ihnen das selbst so ausdrücklich klar war, dass im Markt schon lange sehr viel mehr Möglichkeiten steckten, als sie bislang wahrgenommen hatten. Außerdem mussten sie sich womöglich fragen lassen, wie viel Gewinn ihnen entgangen war. Wenn die Verkäufer plötzlich so viel mehr Umsatz machten, stellte das die Qualität der bisherigen Arbeit der Chefs entschieden in Frage. Es war für sie einfacher, das Konzept zu ändern, sodass sich die Umsatzsteigerungen in ganz normalen Bahnen bewegten.

Dies zeigt, dass Veränderungen behutsam eingeführt werden müssen und im ersten Gespräch Veränderungsvorschläge fehl am Platz sind.

Empfehlenswerterweise sollte der neue Chef vor den Einzelgesprächen mit den Mitarbeitern nicht nur deren Arbeits- oder Projektberichte gelesen haben. Er sollte auch Bescheid wissen über die strategischen Ziele der Firma und wissen, welches die Ziele für seinen Bereich sind. Das erfordert möglicherweise ein Gespräch mit seinem eigenen Vorgesetzten. Dann kann er mit den Mitarbeitern abklären, inwieweit sie sich über die konkreten Ziele für das kommende Jahr und die strategischen Ziele im Klaren sind.

Oft genug wird er leider die Erfahrung machen, dass von Klarheit keine Rede sein kann. Dann ist es schwierig, mit den Mitarbeitern zu arbeiten, wenn sie nicht verstehen können, was der Chef will. Umso wichtiger ist es, dass er sich selbst auf den aktuellen Stand gebracht und sich vor dem Gespräch genau gefragt hat: »Was ist für diesen Mitarbeiter und für diesen Arbeitsplatz relevant?« So kann er auf eventuelle Fragen des Mitarbeiters ganz konkrete Antworten geben. Außerdem hilft ihm das, besser einzuschätzen zu können, was er vom Mitarbeiter erfährt.

Was ist bei den Einzelgesprächen zu beachten?

Eine der ersten Fallen kann schon die Frage sein, mit welchem Mitarbeiter man die Gespräche beginnt. Man kann zweifellos davon ausgehen, dass gleich nach dem ersten Gespräch die anderen Mitarbeiter ihrem Kollegen Fragen stellen: »Na, wie war's?« Aus diesem Grund ist es sinnvoll, mit einem Mitarbeiter zu starten, bei dem man keine Konflikte erwartet und dessen Leistung in Ordnung zu sein scheint, sodass man nicht gleich Gefahr läuft, kritisieren zu müssen. Die ersten Gespräche prägen die Erwartungshaltung der anderen Mitarbeiter. Doch ist es wenig empfehlenswert, dass man sich alle erwartungsgemäß schwierigen Gespräche bis zum Schluss aufbewahrt, damit für die Mitarbeiter nicht eine Wertung erkennbar wird. Außerdem sollte man für schwierige Fälle zwar aufgewärmt, aber nicht abgekämpft und müde sein.

Eine weitere Falle, in die man leicht gerät, ist die der ausgeprägten Selbstdarstellung. Wie ich schon sagte, ist nicht das, sondern Informationen zu gewinnen, Sinn und Ziel solcher Einzelgespräche. Reden sollte also hauptsächlich der Mitarbeiter. Um ihm das zu erleichtern, ist es manchmal nötig, weiterführende Fragen zu stellen, wenn der Gesprächsfluss ins Stocken gerät. Um einen guten Einstieg zu finden und sich gleichzeitig ein Bild von jedem zu machen, kann man beispielsweise Fragen nach der Dauer der Firmenzugehörigkeit, dem beruflichen Hintergrund oder danach, wie lange jemand schon in dieser Abteilung ist, stellen. Ein großes Vorgeplänkel, um »eine gute Atmosphäre zu schaffen«, halte ich für überflüssig, die kann man auch mit ganz konkreten Fragen herstellen.

In meinen Führungstrainings habe ich sehr häufig die Erfahrung gemacht, dass Führungskräfte in solchen Gesprächen mit wahrer Begeisterung die falsche Art Fragen stellen. Geschlossene Fragen, Kettenfragen oder Multiple-Choice-Fragen taugen nichts, um ein offenes Gespräch zu führen und um möglichst viel Information zu gewinnen.

Unter »geschlossenen Fragen« werden solche verstanden, die mit »Ja« oder »Nein« beantwortet werden können. Sie sind nicht prinzipiell schlecht. Doch sie sind ungünstig, wenn man jemanden veranlassen will zu erzählen. Man braucht geschlossene Fragen vor allem, wenn man bereits eine ganze Menge an Informationen gesammelt hat und nun sein Verständnis davon absichern möchte: »Ich habe Sie jetzt so verstanden, dass ... Ist das richtig?«

Bei »Kettenfragen« reihen sich die Fragen aneinander wie die

Glieder einer Kette. Man beginnt mit einer an und für sich guten Frage, aber weil man so schön in Schwung ist, belässt man es nicht dabei, sondern hängt gleich noch drei oder vier weitere Fragen an: »Wie finden Sie denn Ihre Arbeit? Was gefällt Ihnen gut daran, was nicht so gut? Was würden Sie denn im Idealfall ändern?«

All diese Fragen erbringen in der Regel nur die Information, die für den Mitarbeiter am leichtesten verfügbar und unproblematisch ist! Für das weitere Gespräch wären wahrscheinlich die, die er nicht beantwortet hat, weitaus interessanter, aber die sind leider untergegangen.

»Multiple-Choice-Fragen« kennt jeder aus Fragebögen oder Tests. »Liegt Ihre Unzufriedenheit daran, dass man Ihnen zu wenig Kompetenz gegeben hat, oder war das Projekt nicht interessant genug für Sie, oder fühlten Sie sich zur Projektleitung nicht genügend vorbereitet?« Kreuzen Sie bitte die richtige Antwort an, Mehrfachnennungen sind erlaubt.

Auch diese Fragetechnik bringt wenig Informationen. Dem Mitarbeiter ergeht es wahrscheinlich so, wie es einem jeden schon mit Fragebögen erging: So ganz passt keine der vorgegebenen Antworten! Im Gespräch wird man jedoch leicht dazu verführt, auf die Alternativen einzugehen: »Das Projekt war sicherlich keines der interessantesten, die ich gemacht habe, aber es hatte seine Herausforderungen ...« Und schon ist man dabei, das Projekt und seine speziellen Tücken zu schildern. Die Gründe für die Unzufriedenheit, um die es ursprünglich ging, kommen gar nicht mehr zur Sprache.

Die beste Art, ein Gespräch zu führen, bei dem sich der Mitarbeiter öffnen und etwas über sich sagen kann, ist mit einfachen, kurzen, offenen Fragen zu arbeiten:

- »Was war in diesem Projekt für Sie schwierig?«
- »Wodurch fühlten Sie sich besonders herausgefordert?«
- »Woher kommt Ihre Unzufriedenheit?«

Offene Fragen sind solche, die nicht mit einem einfachen »Ja« oder »Nein« beantwortet werden können, auch nicht durch »Ankreuzen« der richtigen Alternative, sondern die ganze Sätze als Antwort erfordern. Mit offenen Fragen wird das Gespräch für beide

Seiten ergiebiger: Der Mitarbeiter spürt, dass der neue Chef ihm wirklich zuhören will, der Chef erhält mehr Informationen.

Keine Angst vor persönlichen Fragen

Man sollte sich darüber im Klaren sein, dass der Prozess der Meinungsbildung beidseitig ist. Auch der Chef erweckt ja einen Eindruck beim Mitarbeiter. Wer sein erstes Gespräch zum Beispiel nur auf Daten und Fakten aufbaut, also nur aus dem Erwachsenen-Ich kommuniziert, vermittelt, gewollt oder ungewollt, den Eindruck, am Mitarbeiter als Person nicht interessiert zu sein, sondern ihn nur als Leistungsträger zu sehen. Das wirkt sich negativ auf das Gesprächsklima aus.

Diese Falle umgeht man, indem man auch Fragen zur Arbeitszufriedenheit stellt, die ruhig so persönlich ausfallen dürfen wie: »Ist das der Job, von dem Sie immer geträumt haben?« »Warum ist Ihnen dieser Job so wichtig?«

Bei dieser Art Fragen macht es keinen Sinn, zu sehr an der Oberfläche zu bleiben. Je tiefer man geht, desto mehr spürt der Mitarbeiter, dass wirkliches Interesse vorhanden ist. Und desto mehr erfährt man über die Ziele, Wünsche und Motive des Mitarbeiters. Unter Umständen ist man so der Erste, der erfährt, dass just dieser Mitarbeiter hochmotiviert wäre, eine ganz andere Tätigkeit innerhalb der Abteilung auszuüben. Je mehr man als Chef über die Mitarbeiter weiß, desto leichter fällt es, zu überprüfen, ob jeder optimal eingesetzt ist.

Sehr wichtig ist es auch, sich bei einer anderen Art Frage nicht mit vordergründigen Antworten zufrieden zu geben. »Wo sehen Sie selbst Ihre Stärken und Schwächen?« ist eine der Fragen, die noch eine ganze Reihe weiterer Fragen nach sich ziehen sollten. Wenn man sich zufrieden gibt mit dem, was da als Erstes kommt, vergibt man sich eine Chance, sehr wertvolle Informationen zu erhalten! Man sollte also zum Beispiel weiterfragen, wie der Mitarbeiter zu dieser Selbsteinschätzung kommt, woran er das festmacht, wie sich diese Stärken und Schwächen auswirken. Das Interessante bei dieser Frage nach Stärken und Schwächen ist, sich klar zu machen, dass jede unserer Stärken immer auch eine unserer Schwächen ist. Man erhält so ein sehr viel klareres Bild über den Mitarbeiter.

Eine Stärke wird immer dann zur Schwäche, wenn man ein bestimmtes Maß überschreitet. Jeder ist zum Beispiel dankbar für Mitarbeiter, die sehr genau arbeiten, weil sie einen hohen Anspruch an die Präzision ihrer Arbeit haben. Doch diese Dankbarkeit schlägt schnell in etwas ganz anderes um, wenn dieser Mitarbeiter extrem lange braucht, um nur keinen Fehler zu machen. Die Arbeit ist dann zwar fehlerfrei, wird aber viel zu spät abgeliefert.

Kennt man die Stärken und Schwächen der Mitarbeiter, kann man viel besser einschätzen, wen man wofür einsetzen sollte. So wird man Mitarbeiter mit bestimmten Stärken dann nicht einsetzen, wenn die Gefahr besteht, dass sie übertreiben. Also nicht gerade einen Perfektionisten heranziehen, wenn es darum geht, auf die Schnelle etwas zu skizzieren; den Visionär, der bei der Genauigkeit eher nachlässig ist, nicht mit den kniffligsten Aufgaben betrauen.

Wenn man etwas über den Bezugsrahmen der Mitarbeiter erfahren will, kann man das mit einer Frage tun, die viele zunächst einmal verwirren mag. Wenn man fragt: »Welches waren Ihre drei letzten Erfolge?«, offenbart sich sehr schnell, wie Mitarbeiter Erfolge für sich einordnen. Manche finden auf diese Frage zunächst gar keine Antwort. Nicht etwa, weil sie nicht erfolgreich gewesen wären, sondern weil sie ihre Erfolge innerlich nicht anerkennen. Alles, was ihnen geglückt ist, »ist doch ganz normal«. Für viele ist »Erfolg« nur das herausragende Ereignis, vergleichbar etwa mit der Besteigung des Mount Everest. Erfolge wie »Ich habe den Auftrag XY trotz großen Zeitdrucks zur Zufriedenheit des Kunden abgewickelt« zählen in ihrer Einschätzung gar nicht.

Wenn jemand so reagiert, ist das ein Zeichen dafür, dass sein Selbstwertgefühl nicht sehr stark ausgeprägt ist. Dieser Mitarbeiter zählt wahrscheinlich zu den Tiefstaplern und macht sich eher klein, wird vielleicht auch öfter übersehen. Gerade da ist es wichtig, viel Anerkennung zu zeigen. Das erhöht die Chance, noch mehr von seinem Potenzial ans Licht zu bringen.

Das Gegenstück zum oben geschilderten Mitarbeiter ist einer, der Erfolge schon feiert, noch bevor sie überhaupt eingetreten sind. Um beim Mount Everest zu bleiben: Kaum ist das erste Basislager errichtet, sieht er sich schon auf dem Gipfel. Bei einem solchen Mitarbeiter ist es wichtig, immer sehr genau und konkret nachzufragen, was bereits Tatsache und was noch Hoffnung ist. Es wäre jedoch falsch, der Versuchung zu erliegen, solche Mitarbeiter einfach nur zu bremsen, denn das würde von ihnen als demotivierend erlebt, ihre Kreativität und ihr Schwung blieben ungenutzt.

Als Chef sollte man lernen, die Aussagen dieser Mitarbeiter richtig einzuschätzen, um keine falschen Schlüsse zu ziehen. Auch Aussagen wie »Klar schaffen wir das Projekt bis Monatsende« dürfen nicht so ohne weiteres für bare Münze genommen werden, sondern es muss immer ein Zeitpuffer eingeplant werden. So ist es bei einem Softwarehersteller passiert: Erst am Tage, als das neue Software-Update dem Kunden präsentiert werden sollte, eröffnete der Entwickler seinem Chef, man sei leider, leider noch nicht fertig.

Zwischen diesen beiden Extremen gibt es natürlich viele Mitarbeiter, die auf die oben gestellte Frage ruhig und sachlich antworten, mit realistischer Selbsteinschätzung ihre Erfolge darstellen und weder dazu neigen, ihr Licht unter den Scheffel zu stellen, noch abzuheben.

Fragen, die den Arbeitsbereich betreffen

Schließt man an die Frage nach den Erfolgen die Frage nach drei oder vier wesentlichen Zielen im Arbeitsbereich an, so hat man einen fließenden Übergang von der Person des Mitarbeiters zu seiner Tätigkeit. Diese Fragen können allerdings auch manchmal Überraschung auslösen. Selbst Firmen, die sich »Führen mit Zielvereinbarungen« auf die Fahne geschrieben haben, hinken in der Durchführung dieses Ansatzes manchmal den verbalen Verlautbarungen hinterher. Und so kann es passieren, dass man ratlosen Gesichtern gegenübersitzt, der Mitarbeiter ein bisschen ins Stottern gerät oder man den Satz hört: »Da müsste ich erst einmal in meinen Zielvereinbarungen nachsehen!«

Wenn solche Reaktionen kommen, kann von Zielorientierung

natürlich keine Rede sein. Ziele, falls vorhanden, sind jedenfalls nicht wirksam in der Alltagsarbeit. In diesem ersten Gespräch gleich zu intervenieren ist nicht so wichtig wie die Erkenntnis, dass da eine große Aufgabe auf den neuen Chef wartet. Vor allem, wenn mehrere Mitarbeiter auf diese Art und Weise reagiert haben. Wenn Mitarbeiter nur gelernt haben, dass es wichtig ist, einmal im Jahr »Ziele zu vereinbaren«, aber nicht, auch zielorientiert zu handeln, hat bisher das Ziel-Controlling gefehlt.

Doch auch wenn in der Firma das Führen mit Zielvereinbarungen real praktiziert wird, wird man, wenn man nach den Hauptaufgaben und den Zielen dafür fragt, feststellen, dass die Ziele, die die Mitarbeiter nennen, oftmals von denen der Vorgesetzten abweichen. Es gibt auch viele Mitarbeiter, die sich über ihre Hauptaufgaben gar nicht im Klaren sind, weil sie sich völlig vom Tagesgeschäft steuern lassen. Was noch erschreckender ist: Es geht auch vielen Führungskräften so. Selbst beim Coaching von Geschäftsführern kommt manchmal durch eine Zeitenanalyse ans Tageslicht, wie viel Zeit sie mit Kleinkram und Details verbringen. Da die meisten Menschen heutzutage eher zu viel als zu wenig zu tun haben, ist es ganz entscheidend, sich auf das Wesentliche zu konzentrieren. Voraussetzung dafür ist natürlich, zu wissen, wo die Prioritäten liegen, und die Ziele zu kennen, die man anstrebt.

Wenn Führungskräfte und Mitarbeiter ein gemeinsames Verständnis davon entwickeln, welches die Hauptaufgaben und Ziele des Mitarbeiters sind, können viele Konfliktfelder gleich am Anfang vermieden werden. Auch dazu dient das ausführliche Einzelgespräch. Denn vermeidbare Konflikte sollte man möglichst früh erkennen. Meinungsverschiedenheiten, die auf einem unterschiedlichen Verständnis dessen, was die Aufgaben eines Mitarbeiters sind, beruhen, lassen sich so frühzeitig vermeiden.

In dieser Gesprächsphase ergibt sich für viele Führungskräfte eine Schwierigkeit in der Gesprächsführung: Man muss lange Zeit *Fragender* bleiben, obwohl man schon sieht, dass die Auffassung des Mitarbeiters über seine Hauptaufgaben und Ziele deutlich von der eigenen abweicht.

Da ist die Versuchung natürlich groß, mit einem »Das sehe ich aber anders« sehr schnell dagegenzuhalten und in eine Diskussion einzusteigen, ohne den Bezugsrahmen des Mitarbeiters zu kennen. Wie mich meine Erfahrungen in Trainings gelehrt haben, fällt diese Art von Zurückhaltung Führungskräften oft sehr schwer.

Doch der Vorgesetzte muss die Hintergründe erfragen, warum der Mitarbeiter just dieses für seine Hauptaufgaben hält, auch wenn dem Chef schon völlig klar ist, dass das falsch ist. Denn nur so erfährt er, wo der Denkfehler beim Mitarbeiter liegt. Kennt er den, weiß er auch, wo er ansetzen muss, um dem Mitarbeiter seine Sicht der Sache nahe zu bringen.

Dieser Prozess ist auch für den Mitarbeiter sehr wichtig, weil er direkt erleben kann, dass die neue Führungskraft ihn wirklich verstehen will. Das wirkt sich positiv auf die Beziehung aus. Belastungen des Verhältnisses zwischen Mitarbeiter und Chef, etwa wenn es darum geht, etwas Unangenehmes durchzusetzen, treten früh genug auf.

Bei all diesen Fragen erfährt man auch viel über die Einstellung des Mitarbeiters zu seiner Arbeit, ob sie eher oberflächlich ist oder energiegeladen und begeistert. Eine für beide wichtige Frage ist auch, ob es Dinge gibt, die der Mitarbeiter ändern würde und aus welchen Gründen. Dazu kann der Chef Fragen etwa dieser Art stellen: »Wenn Sie allein entscheiden könnten, was würden Sie als Erstes ändern? Wo sehen Sie Engpässe?«

Vielleicht ergeben sich aus den Antworten ja ganz wichtige Anregungen. Das wären Punkte, die der neue Chef für sich verbuchen könnte.

Aufgaben- versus Zielorientierung

Für den neuen Chef ist es auch wichtig, sich genau informieren zu lassen, wer für seinen Mitarbeiter »Zulieferer« der Arbeit ist und wer »Abnehmer«. Durch Nachfragen, wie gut die Zusammenarbeit mit Zulieferern und Abnehmern funktioniert und welche Konflikte möglicherweise existieren, erhält er wertvolle Hinweise über sein künftiges Spielfeld.

Doch auch wenn sich vielleicht schon Problemfelder abzeichnen, sollte ein Vorgesetzter sich immer wieder klar machen, dass es nicht darum geht, all diese Probleme sofort selbst anzugehen und Lösungen dafür zu entwickeln! Vielmehr ist es seine Aufgabe, die Mitarbeiter zu aktivieren, selbst Lösungsideen zu produzieren. Denn genau in diesem Verhalten – »Lasse ich den Chef meine Probleme lösen, oder löse ich sie selbst?« –, liegt der Unterschied zwischen Aufgabenorientierung und Zielorientierung.

Angenommen, man hat es mit einem Lohnbuchhalter zu tun, der sich beklagt, sein größtes Problem bei der Arbeit sei, dass er die Zahlen aus anderen Abteilungen oder Filialen nie rechtzeitig bekommt. Wenn er sich nach dem Motto verhält: »Meine Aufgabe ist es, die Lohnbuchhaltung zu machen, und wenn Daten fehlen, muss mein Chef sich darum kümmern!«, handelt er eindeutig aufgabenorientiert. Geht der Chef darauf ein, unterstützt er die Passivität seines Mitarbeiters, Passivität in dem Sinne, dass der Mitarbeiter selbst nichts Wirksames zur Lösung des Problems unternimmt.

Hätte dieser Lohnbuchhalter hingegen gelernt, zielorientiert zu denken und zu handeln, so wäre ihm klar, dass das Ziel seiner Tätigkeit ist, sicherzustellen, dass die Löhne pünktlich und zuverlässig ausgezahlt werden können. Er wüsste, dass er verantwortlich dafür ist, das heißt, er würde alles tun, was in seinen Kräften steht, um dieses Ziel zu erreichen. Und erst, wenn seine Möglichkeiten ausgeschöpft sind, kann er mit diesem Problem zu seinem Chef kommen, am besten schon mit einem weiteren Lösungsvorschlag im Kopf oder in der Tasche.

Wenn man nun als »Neuer« das Pech hat, einem Lohnbuchhalter, um im Beispiel zu bleiben, gegenüberzusitzen, der nie ermutigt wurde, zielorientiert zu arbeiten, und der klagt: »Ich kriege von der Niederlassung Berlin die Zahlen immer viel zu spät. Da müssten Sie unbedingt mal ein Machtwort sprechen!«, ist von allen denkbaren Antworten die schlechteste die: »Gut, ich notiere mir das. Ich werde sofort etwas unternehmen!«

Der Mitarbeiter kann sich freuen, denn er weiß sein Problem ja jetzt in fähigen Händen, und der Chef kann sich freuen, denn er kann zeigen, was für ein tüchtiger Kerl er ist! Allerdings zu einem hohen Preis, denn diese Tüchtigkeit spricht sich gewiss schnell herum, und dann weiß er bald nicht mehr, wo ihm der Kopf steht, so viele Probleme der Mitarbeiter hat er zu lösen. Das ist das Schicksal vieler tüchtiger Chefs.

Das Gespräch könnte aber auch anders aussehen. Nehmen wir dieselbe Einleitung des Mitarbeiters. Doch der Chef antwortet:

Chef: »Dass Sie die Zahlen immer so spät bekommen, bringt Sie bestimmt ganz schön unter Druck. Was haben Sie denn bisher unternommen, um das abzustellen?«

Lohnbuchhalter: »Ich habe immer wieder Mails geschickt und hinterhertelefoniert. Aber das nützt ja nichts!«

Chef: »An wen haben Sie denn die Mails geschickt?«

Lohnbuchhalter: »An den zuständigen Sachbearbeiter.«

Chef: »Aber damit haben Sie bisher noch nie die gewünschte Wirkung erzielt? Was haben Sie denn sonst noch unternommen?«

Lohnbuchhalter: »Sonst habe ich nichts unternommen. Ich habe halt auf die Zahlen gewartet. Sie kamen ja auch immer, aber so knapp, dass ich jedes Mal Überstunden machen musste, um alles noch rechtzeitig auf die Reihe zu kriegen.«

Chef: »Welche Möglichkeiten sehen Sie noch, um da etwas zu ändern? Wenn der Weg mit den Mails und dem Hinterhertelefonieren nicht funktioniert, wie könnten Sie denn dann weiterkommen?«

Lohnbuchhalter: »Am besten wäre es, Sie würden sich mal darum kümmern. Auf Sie hören die bestimmt mehr!«

Chef: »Ich kann gut verstehen, dass Sie das gerne hätten. Aber dann hätte ich ja ein Problem mehr, das ich lösen muss. Deswegen frage ich Sie, welche Möglichkeiten Sie denn noch hätten, um weiterzukommen?«

Lohnbuchhalter: »Ich könnte natürlich auch mal ein Mail an den Niederlassungsleiter schreiben. Aber ich will doch auch die Kollegen dort nicht in die Pfanne hauen!«

Chef: »Das heißt, wenn Sie das Problem auf die nächsthöhere Ebene bringen, haben Sie den Eindruck, Sie verhalten sich unkollegial? Ist es denn so, dass die Berliner Kollegen einfach zu faul sind, pünktlich ihre Zahlen zu schicken? Oder könnte es sein, dass die Abläufe in der Niederlassung nicht optimal organisiert sind? Sodass das Problem gar nicht an den Kollegen hängt?«

Lohnbuchhalter: »Nein, nein, zu faul sind die Kollegen keineswegs. Die haben schon jede Menge zu tun.«

Chef: »Das würde bedeuten, wenn Sie die Sachlage an den Niederlassungsleiter weiter melden, wird er in die Lage versetzt, sich des Problems anzunehmen und Lösungen zu finden? Was ist denn Ihre Erfahrung, was Sie mit Mails an die Niederlassungsleitung ausrichten können? Werden die dann sofort aktiv oder was passiert?«

Lohnbuchhalter: »Wie ich den Laden kenne, bekomme ich einfach nur eine kurze Entschuldigung, dass es ihnen leid tut, dass etwas schief gelaufen ist!«

Chef: »Na, das löst das Problem aber nicht?«

Lohnbuchhalter: »Nein, ich glaube, ich muss den dortigen Niederlassungsleiter um einen Gesprächstermin bitten, damit ich ihm in Ruhe darlegen kann, um was es geht.«

Chef: »Super! Bis wann werden Sie das tun?«

In diesem Dialog wird deutlich, dass der Mitarbeiter bisher nicht daran gewöhnt war, seine Möglichkeiten voll auszuschöpfen. Er macht zwar ein oder zwei Versuche, aber wenn die ohne Ergebnis bleiben, möchte er das Problem doch lieber beim Chef abladen. Erst konsequentes Nachfragen bringt ihn selbst auf eine gute Idee.

Nun könnte man einwenden, in der Zeit, die dieses Gespräch in Anspruch genommen hat, hätte man den Niederlassungsleiter längst selbst anrufen und die Dinge klären können. Das stimmt natürlich auch. Wenn man solch ein Gespräch zwei- oder dreimal geführt hat, weiß aber der Mitarbeiter, welche Art Fragen der Chef ihm stellen wird. Die kann er sich dann genauso gut auch selbst stellen und braucht nicht mehr wegen Kleinigkeiten nachzufragen. Er hat dann gelernt, wie er mit Eigeninitiative seine Probleme lösen kann. Während er im anderen Fall nur gelernt hätte, wie einfach es ist, Probleme an den Chef zu delegieren.

Rückdelegationen müssen nicht sein

Wenn ein Chef frühzeitig, sprich im ersten Gespräch, seine Erwartungen hinsichtlich der Problemlösung und der Zielorientierung klar macht, ist das sehr hilfreich, um gleich in der Anfangsphase unnötigen Ärger zu vermeiden. Dann wissen Mitarbeiter sehr schnell, mit welchen Themen sie gar nicht zum Chef zu gehen brauchen.

Das Problem dieser Rückdelegationen vom Mitarbeiter zum Chef ist seit Jahrzehnten bekannt, aber nach meiner Erfahrung ist es immer noch eine der Hauptschwierigkeiten in den Chefetagen. Chefs springen immer noch begeistert auf und melden sich zur Stelle, wenn ein Mitarbeiter mit einem Problem winkt. Kein Wunder, dass die Mitarbeiter so zur Passivität erzogen werden. Ursprünglich wurden sie eingestellt, um die Probleme ihres Chefs zu lösen. Ein Chef, der Rückdelegationen annimmt, ist der beste Mitarbeiter seiner Mitarbeiter!

Dieses Phänomen zieht sich quer durch die Hierarchien. Auch Führungskräfte gönnen gerne dem nächsthöheren Chef das Gefühl, der beste Problemlöser von allen zu sein. Ein Geschäftsführer, der einen Betrieb neu übernommen hatte, erzählte mir, er habe erst nach längerer Zeit den Eindruck gehabt, wirklich ein Managementteam zu haben. Nämlich erst dann, als nicht mehr alle kamen und sagten: »Da und da gibt es folgendes Problem, und man müsste etwas tun.« (wobei mit »man« immer er gemeint gewesen sei) – sondern erst dann, als sie kamen und sagten: »Da und da gibt es ein Problem, und wir haben uns Folgendes überlegt ...«

In einem meiner Führungstrainings wurde ausführlich über das Problem der Rückdelegationen diskutiert, wie man sie verhindern kann und wie man Mitarbeiter aktiviert. Schließlich meldete sich ein Vertriebsleiter zu Wort, der meinte, das sei ja alles schön und gut, man hätte mit dem Gesagten sicherlich auch Recht, nur er habe dafür leider überhaupt keine Zeit. Auf die Frage, womit er denn seine Zeit verbringe, gab er die Antwort: »Bei mir geht es zu wie in einem Taubenschlag. Dauernd kommt jemand herein und will etwas von mir!« Wer denn da käme, Mitarbeiter, Kunden, Kollegen? »Hauptsächlich sind es meine Mitarbeiter. Sie kommen halt mit allen möglichen Problemen, die es gerade mit schwierigen Kunden oder Verkaufssituationen gibt.« Sehr verdutzt war er über die Frage: »Was haben denn Ihre Mitarbeiter an den Problemen getan, bevor sie zu Ihnen kamen?« Er antwortete: »Na nichts, deswegen kommen sie ja. Damit ich ihnen helfe, diese Probleme zu lösen.«

Er war sehr beeindruckt, von einem für ihn neuen Managementsystem zu hören. Dabei ist mit den Mitarbeitern vereinbart, dass sie erst dann mit einem Problem zu ihrem Chef kommen können, wenn sie schriftlich kurz sowohl das Problem als auch den Zielzustand skizziert haben, also wie die Situation nach der Lösung des Problems aussehen soll, sowie erste gedachte Maßnahmen, wie man vom einen zum anderen kommen kann. Sollte der Mitarbeiter dann noch Fragen haben, ist der Vorgesetzte gerne bereit, ihm Zeit zu widmen, vorher aber nicht.

Zwei Monate später trafen wir uns bei einem Vertiefungstag wieder. In der Anfangsrunde stellte ich die obligatorische Frage, wie es mit dem Umsetzen der Seminarinhalte geklappt habe, welche Schwierigkeiten aufgetreten seien? Der Vertriebsleiter berichtete, nach dem Führungstraining habe er die schlimmsten 14 Tage seines Lebens verbracht: »Denn ich habe damit begonnen, das, was ich hier gelernt habe, umzusetzen. Ich habe jeden Mitarbeiter, der mit einem Problem kam, gefragt, was er sich schon dazu überlegt habe. Wenn dann nichts kam, habe ich ihn wieder weggeschickt. Ich musste die meisten erst einmal wieder wegschicken. Meine Mitarbeiter wirkten eine Zeit lang völlig desorientiert und auch konsterniert. Das hat mich sogar nachts beschäftigt, weil ich mich zuerst auch ziemlich mies gefühlt habe, wie jemand, der seine Mitarbeiter ständig hängen lässt! Aber nach zwei Wochen habe ich plötzlich gemerkt, dass ich deutlich mehr Zeit habe. Und auch meine Mitarbeiter haben die verblüffende Erfahrung gemacht, dass ich mich um wichtige Dinge jetzt wirklich kümmern kann, während ich früher aus Zeitmangel einfach nur Druck gemacht habe.«

Letztlich haben also alle durch das »miese Verhalten« nur gewonnen. Jeder Zuwachs an Eigenverantwortung ist auch für die Mitarbeiter befriedigender, als bei jeder Kleinigkeit von ihrem Vorgesetzten abhängig zu sein.

Der Mitarbeiter, der übergangen wurde

Es gibt spezifische Schwierigkeiten für neue Chefs, die sich noch nicht unbedingt im ersten Einzelgespräch zeigen, aber vielleicht in den ersten Gruppensitzungen offenbar werden. Eine davon ist der Umgang mit einem Mitarbeiter, der selbst die Position haben wollte, die der Neue jetzt einnimmt, oder, im Falle von Fusionen, der diese Position schon hatte, aber aufgrund der veränderten Situation quasi einen Schritt zurücktreten musste. Gelegentlich hat man es dann auch mit einem Team zu tun, das sich mit dem »Unterlegenen« solidarisiert, weil es der Auffassung ist, dass er diesen Job hätte bekommen sollen, weil er ihn verdient. Aber auch dieses Team kann man für sich gewinnen.

Manchmal weiß man vorher, dass man sich auf solche »Konkurrenz« einstellen muss. Manchmal merkt man vielleicht, dass es einen Mitarbeiter gibt, vor dem die anderen besonderen Respekt haben. Und manchmal erfährt man es erst, wenn man spürt: »Hoppla, da knirscht etwas.« In den Teamsitzungen macht ein Mitarbeiter dauernd Einwände, wenn der neue Chef Vorschläge einbringt; spielt das »Ja-aber-Spiel« und bringt damit jede Idee zu Fall; argumentiert mit seiner langjährigen Erfahrung; lässt durchblicken, dass der Neue eigentlich keine Ahnung hat, und gibt deutliche Signale, dass ein kleiner Machtkampf jetzt nicht ungelegen käme.

Bei manchen Führungskräften löst dieses Verhalten eine Verunsicherung aus, bei anderen einen Impuls zu kämpfen und bei manchen beides. Eine so provozierte Führungskraft gerät leicht in Versuchung, den anderen widerlegen zu wollen. Aber besonders wenn der andere einen starken Rückhalt im Team hat, baut sich schnell eine Situation von »Einer gegen alle« auf. Außerdem ist gerade bei »Ja-aber-Spielern« der Versuch, jeden Einwand zu widerlegen, der schlechteste Ansatz, ihnen beikommen zu wollen. Wer entschlossen ist, »Ja-aber« zu spielen, findet immer einen neuen Einwand.

Und wenn man dem Impuls nachgibt, den Mitarbeiter, der sich produziert, in seine Schranken zu verweisen, führt das leicht zu einer unnötigen Eskalation. Der falsche Weg wäre zu versuchen, dem Team schlagartig und überzeugend klarzumachen, dass das, was der Widersacher da von sich gibt, wirklich totaler Unfug ist. Wann kann man das schon. Und selbst wenn dies gelänge, hätte man aus einem kleinen Scharmützel eine ernsthafte kriegerische Auseinandersetzung gemacht, denn wenn man jemanden so bloßgestellt hat, ist das Verhältnis langfristig getrübt.

Jemanden in seine Schranken zu verweisen sollte als Strategie für absolute Notfälle vorbehalten bleiben. Sehr viel besser ist es zu versuchen, einen enttäuschten Konkurrenten positiv einzubinden. Wenn er fachlich gut ist, kann man ihm vielleicht eine Sonderfunktion übertragen, ihn zu einem Spezialisten für etwas machen. Statt ihn abzuwerten, wie es vielleicht dem ersten Impuls aus der Verärgerung heraus entsprechen würde, sollte das erste Bemühen eher sein, ihn aufzuwerten, vielleicht mit einem Satz wie: »Das ist ein wichtiger Punkt, den Sie da ansprechen. Ich sehe, Sie haben viel Fachwissen.« Wenn es gelingt, so den Wunsch des anderen nach einem besseren Image zu befriedigen, legen er und das Team die mögliche Ungerechtigkeit der Situation wahrscheinlich nicht mehr dem neuen Chef zur Last.

Wenn die Strategie, den anderen positiv einzubinden, nicht die erhofften Früchte tragen sollte, Kampfhandlungen also unvermeidlich scheinen, rate ich zu *kommunikativem Judo*. Das ist allemal besser als die westlichen Kampfstile, wo auf Druck nur Gegendruck erfolgt, Schlag auf Gegenschlag, so lange, bis einer ausgezählt wird. Im Judo nutzt man die Energie des anderen, und statt zu drücken, zieht man ein bisschen, um ihn aus dem Gleichgewicht zu bringen.

Auf die Kommunikation übertragen heißt das, nicht dagegen zu gehen, sondern aufzugreifen, was der andere bringt, und konsequent Fragen zu stellen. Auf ein Argument mit dem Tenor: »Das kann doch gar nicht funktionieren, was Sie da vorhaben!«, würde man im Judo-Stil antworten: »Aha, Sie haben also andere Ideen. Das interessiert mich. Bitte erläutern Sie, was Sie denken!« Und dann muss man weiterfragen, Worthülse um Worthülse aufknacken, bis ... man entweder erkennen muss, dass er Recht hat (kann ja passieren) oder jedem, hoffentlich auch dem Widersacher selbst, klar ist, dass sich seine Position nicht halten lässt.

Der Vorteil bei diesem Vorgehen ist, dass man auf diese Art und

Weise nicht die Führung abgibt, was beim Versuch, einfach nur dagegenzuhalten, leicht geschehen kann.

Wer fragt, der führt!

Wer die Fragen stellt, der bestimmt die Richtung des Gespräches. Durch konsequentes Nachfragen kommt der andere schnell an die nicht durchdachten Punkte, an die Schwachpunkte und Widersprüche seiner Argumentation. Wenn die offenbar werden, erleiden meist auch die Selbstsicherheit und das Überlegenheitsgefühl des Widersachers Einbußen. Auf die Art und Weise kann man psychologisch Punkte machen, ohne offensiv werden zu müssen.

Man hat aber noch eine weitere Chance, sich mit Nachfragen auf psychologischer Ebene zu profilieren. Der Widersacher ist aller Wahrscheinlichkeit nach fachlich gut, das kann man voraussetzen, sonst hätte er sich gar keine Hoffnungen auf den Chefposten zu machen brauchen. Das heißt, seine Argumente sind wohl kaum völlig unqualifiziert. Wenn es gelingt, den einen oder anderen Ansatz in die eigenen Ideen einzubauen, und man so dafür sorgen kann, dass der Mitarbeiter auch in den Augen des Teams nicht das Gesicht verliert, hat man zwei Fliegen mit einer Klappe geschlagen. Man hat auf der psychologischen Ebene ganz eindeutig die Führung behalten, sich also als Chef etabliert, und gleichzeitig das gute Fachwissen des anderen genutzt.

Für den oben schon angedeuteten Fall, dass der andere völlig Recht hat und man durch das Nachfragen erkennt, die eigene Vorgehensweise hätte wirklich nicht funktioniert, so sollte man sich gratulieren, dass man so glimpflich eine Katastrophe hat vermeiden können. Denn gleich zu Beginn eine eklatante Fehlentscheidung, durchgesetzt gegen einen kompetenten Widersacher, wäre nicht gut für das zukünftige Ansehen beim Team gewesen. Erweist man sich jedoch als klug genug, die in diesem Fall tatsächlich überlegene Kompetenz eines anderen anzuerkennen und entsprechend zu handeln, dürfte das in den Augen eines jeden Teams eher eine Empfehlung sein.

Entscheidend ist, dass die Schlacht auf der psychologischen Ebene gewonnen wird, nicht auf der inhaltlichen!

Viele Vorgesetzte machen den Fehler, ein rein psychologisches Problem auf der inhaltlichen Ebene lösen zu wollen. Die entscheidende Frage: »Wer ist die Führungskraft? Wer bestimmt hier?« ist ein Problem der Beziehungsgestaltung und liegt somit auf der psychologischen Ebene. Wer versucht, dieses Problem auf der inhaltlichen Ebene zu lösen, erliegt schnell dem Denkfehler, er dürfe inhaltlich nicht nachgeben, und setzt um jeden Preis seine Meinung durch.

Dadurch kommt es nicht nur zu Fehlentscheidungen, man bringt auch das Team gegen sich auf. Ein Team weiß nämlich sehr genau, was eine echte Sachentscheidung und was eine Machtentscheidung war. Und wenn man eine Machtentscheidung durchgesetzt hat, hat man zwar *inhaltlich* gewonnen, *psychologisch* in den Augen des Teams aber verloren.

Wer Vorgesetzter ist, sollte sich klar machen: Bei der Frage »Wer ist der eigentliche Chef im Team?« geht es immer um *Beziehungsgestaltung*. Beziehungsgestaltung bedeutet in diesem Kontext: Wer ist oben, wer ist unten?

»One up« bin ich auch dann, wenn ich entscheide, dass wir uns nach den Vorschlägen des Kollegen richten – denn obenauf ist der, der letztlich die Entscheidungen trifft, nicht der, von dem die Inhalte kommen! Halte ich jedoch ständig dagegen, um schließlich doch klein beizugeben, habe ich auch auf der psychologischen Ebene verloren.

Dasselbe gilt, wenn ich eine Fehlentscheidung durchsetze, nur um zu zeigen, wer der Herr im Haus ist. Wenn ich keine Wahlmöglichkeiten habe, sondern nur dagegen sein kann, befinde ich mich in einer sehr schwachen Position. Ein Beispiel aus der Psychiatrie mag den Sachverhalt »one up, one down« verdeutlichen: Ein Patient kommt zu seinem Therapeuten und sagt: »Ich bin der liebe Gott!« Eine stärkere Oberhand kann ja niemand haben, doch der Therapeut antwortet: »Also gut, ich erlaube Ihnen das.« Und damit ist er wieder in der Position des Entscheiders.

Der Konflikt mit einem enttäuschten Konkurrenten ist ein Beziehungskonflikt und als solcher auf der reinen Sachebene nicht lösbar. Doch man wird vermutlich mit einer Reihe weiterer Situationen rechnen müssen, die sich als Sachkonflikte tarnen. Sagt der neue Chef: »Wir bleiben bei Windows!«, wird der andere behaupten: »Es ist höchste Zeit, auf Linux umzusteigen!« und umgekehrt. Denn es geht nicht um die Sache, sondern darum, wer sich durchsetzt. Die Frage ist nicht: Windows oder Linux?, sondern: Wer trifft hier die Entscheidungen?

Eine so wichtige Frage wird natürlich nicht mit einer einzigen Auseinandersetzung geklärt. Man sollte sich darauf gefasst machen, dass man das drei- oder viermal durchstehen muss. Aber wenn danach die Sache immer noch nicht vom Tisch ist, muss man zu anderen Mitteln greifen. Eines davon ist das Beziehungsklärungsgespräch.

Das Beziehungsklärungsgespräch

Das Beziehungsklärungsgespräch wird unter vier Augen geführt, und man sollte sich genügend Zeit dafür nehmen. Eine so schwerwiegende Angelegenheit kann nicht zwischen Tür und Angel abgehandelt werden. Es sollte auch nicht unmittelbar nach einem Eklat stattfinden, die Gemüter sollten Zeit gehabt haben, sich zu beruhigen. Besonders vom neuen Chef wird schließlich viel Einfühlungsvermögen erwartet.

Auch hier kann es wieder sehr hilfreich sein, sich klar zu machen, dass alle Provokationen nicht einem persönlich gelten, auch wenn es so aussehen mag, sondern sich gegen den Funktionsträger richten. Wenn mir bewusst ist, dass die Äußerungen des anderen, mögen sie noch so »persönlich« wirken, nicht mir als Person gelten, »mich« kennt der andere ja gar nicht wirklich, ist es sehr viel leichter, mit dem nötigen gelassenen Abstand darauf einzugehen.

Der Vorgesetzte könnte das Gespräch beispielsweise damit beginnen, dass er den anderen fragt, wie es ihm damit geht, dass nun ein anderer als er Chef geworden ist. Wichtig ist zunächst einmal, dem anderen zuzuhören, ihm Fragen zu stellen und immer wieder kurz zusammenzufassen, was man verstanden hat, besonders, wenn der andere bereit ist, konstruktiv mit diesen Fragen umzugehen. Die Technik des Widerspiegelns erleichtert die gegenseitige Verständigung beträchtlich, denn es zwingt zu sehr genauem Zuhören, wenn man die wichtigsten Aussagen des anderen in eigenen Worten wiederholt und sich von ihm bestätigen lässt, dass man ihn richtig verstanden hat. Außerdem bietet das Widerspiegeln den Vorteil, dass der andere merkt, dass man tatsächlich versucht, seine Position zu verstehen. Das schafft eine gute Gesprächsatmosphäre anstatt des Konfliktklimas.

Wenn man spürt, dass der Mitarbeiter positiv auf das Gespräch reagiert, ist es durchaus sinnvoll, auch Verständnis für die Lage des Mitarbeiters auszudrücken, um dann zum eigentlich wichtigen Punkt dieses Gespräches zu kommen, nämlich zur Klärung der Beziehung. Als Chef könnte man fragen: »Wie gehen wir beide jetzt mit dieser Situation um? So leid mir diese Angelegenheit, aus Ihrer Sicht betrachtet, auch tut, kann ich deswegen nun ja nicht meinen Job kündigen. Das heißt, wir müssen irgendwie miteinander klarkommen. Wie stellen Sie sich die Zusammenarbeit vor? Mir liegt sehr viel an einer kooperativen Zusammenarbeit! Ich denke, wir haben beide nichts davon, uns gegenseitig das Leben zur Hölle zu machen.«

Man kann als Chef darauf eingehen, wie sehr einem an einem guten Arbeitsklima gelegen ist, für wie wertvoll man die Berufserfahrung des Mitarbeiters erachtet. Doch man sollte auch keinerlei Zweifel daran lassen, dass die Fakten nun nicht mehr rückgängig zu machen sind und nicht etwa neue Hoffnung auf diesen Posten aufkeimen lassen. Aber man kann natürlich durchaus nach einem Weg suchen, wie beide möglichst fruchtbar kooperieren können. Vielleicht ist es ja möglich, aus dem Mitarbeiter die rechte Hand des Chefs zu machen oder ihm ein besonderes Projekt zu übertragen.

Ein solches Gespräch könnte sich etwa folgendermaßen abspielen:

Chef: »Ich würde mich gerne noch einmal mit Ihnen darüber unterhalten, wie es Ihnen damit geht, dass ich jetzt der Abteilungsleiter geworden bin und nicht Sie. Ich habe inzwischen nämlich gehört, dass Sie sich auch für diese Position beworben hatten. Wie denken Sie über die Angelegenheit?«

Mitarbeiter: »So schön war das für mich natürlich nicht. Man hatte mir Andeutungen gemacht, dass ich gute Chancen hätte. Das Team hätte mich auch gerne als Chef gehabt. Und nach allem, was ich von oben so gehört hatte, war ich ziemlich überrascht, dass plötzlich jemand anderes kommt!«

Chef: »Das heißt, Sie konnten aus allem schließen, dass Sie der neue Abteilungsleiter werden würden und waren sich schon ziemlich sicher?«

Mitarbeiter: »Klar! Nachdem Ihr Vorgänger mit mir gesprochen hatte und mir sagte, er könne sich gut vorstellen, dass ich auf diesem Posten bin, und auch der nächsthöhere Boss in der Kantine mit einem Augenzwinkern zu mir sagte, jetzt scheine es ja doch endlich zu klappen! Denn, wissen Sie, das war ja nicht die erste Pleite! Man hat mich ja schon einmal übergangen. Und jetzt schon wieder, das löst nicht gerade Freude aus!«

Chef: »Aha, das heißt, man hat Sie aus Ihrer Sicht schon zweimal übergangen. Dabei konnten Sie sich eigentlich schon sicher sein. Es sieht so aus, als seien Sie reichlich verärgert?«

Mitarbeiter: »Aber sicher! Wären Sie das denn nicht?«

Chef: »Doch, ich glaube, das wäre mir auch so gegangen. Und es ist auch das, was ich mit Ihnen während Sitzungen zum Beispiel erlebe. Ich habe den Eindruck, Sie sind recht gereizt und haben im Moment eigentlich gar keine Lust mehr. Oder sehe ich das ganz falsch?«

Mitarbeiter: »Nein, da ist schon etwas dran. Jetzt, beim zweiten Mal, wo das passiert ist, habe ich überhaupt keine Lust mehr, mich hier abzurackern! Wenn das überhaupt nicht gewürdigt wird!«

Chef: »Das kann ich gut verstehen! Mein Pech ist nur, dass Ihr Ärger jetzt mich trifft, obwohl ich überhaupt nichts dafür kann. Ich persönlich würde mir sehr eine gute Zusammenarbeit mit Ihnen wünschen. Jetzt, wo die Dinge nun einmal so sind und wir sie auch nicht ändern können, was müsste denn geschehen, damit Sie sich wieder auf eine Zusammenarbeit einlassen können?«

Mitarbeiter: »Das weiß ich auch nicht! Im Moment habe ich jedenfalls wenig Lust, mich allzu sehr reinzuhängen. Aber mir ist auch klar, dass Sie persönlich natürlich keine Schuld trifft.«

Chef: »Dass Sie im Augenblick nicht gerade hochmotiviert sind, kann ich gut nachvollziehen. Was denken Sie, wann sind Sie so weit, dass Sie sich wieder voll in die Arbeit einbringen können?«

Mitarbeiter: »Am liebsten würde ich erst einmal Urlaub machen, um etwas anderes zu sehen und auf andere Gedanken zu kommen. Dann kann man ja vielleicht wieder einen Neustart angehen!«

Chef: »Die nächsten 14 Tage brauche ich Sie noch dringend. Aber danach könnte ich mir vorstellen, dass Sie Urlaub nehmen. Wenn wir danach einen Neustart versuchen, würde ich mich sehr darüber freuen!«

Wie Sie sicherlich sofort gemerkt haben, wurden hier einige der Konfliktlösungsstrategien eingesetzt: Verständnis zeigen, Bezugsrahmen hinterfragen, Bezugsrahmen bestätigen, Widerspiegeln, Frage nach Bedingungen, Frage danach, was er möchte.

Wenn dieses Gespräch gut geführt wird, hat der andere die Möglichkeit, an einen Punkt zu kommen, wo er seine Enttäuschung loslassen kann, um die Situation, so wie sie ist, anzuerkennen und das Beste für sich daraus zu machen. Zumindest, wenn er überhaupt in der Firma bleiben will.

Tit for tat

Es gibt natürlich auch den Fall, dass der Mitarbeiter keineswegs kooperativ ist. Ein Mitarbeiter, der vielleicht nur darauf wartet, dass der neue Chef zermürbt und entnervt das Handtuch wirft, sodass er den Posten doch noch bekommen kann. In einem solchen Fall sollte man sich als Führungskraft nicht scheuen, dem Mitarbeiter klar zu machen, dass man durchaus bereit ist, das probate Mittel »tit for tat« einzusetzen, auch wenn einem kooperative Zusammenarbeit lieber wäre. Tit for tat, das man etwa mit »Wie du mir, so ich dir« übersetzen könnte, ist eine Methode, bei der man mit einem kooperativen Zug beginnt, jeden unkooperativen Zug des anderen jedoch mit einem eigenen unkooperativen Zug beantwortet.

Man kann den Mitarbeiter fairerweise ja noch einmal darauf hinweisen, dass man als Chef deutlich bessere Karten hat, denn man sitzt am längeren Hebel. Wer nicht kooperiert, kann auch von seinem Gegenüber keine Kooperation erwarten. Aber man sollte zugleich deutlich machen, dass man jederzeit bereit ist, auch wieder zu konstruktivem Verhalten zurückzukehren, wenn der andere das tut, gleichgültig, was in der Zwischenzeit gelaufen ist.

Dies ist die große Schwierigkeit, wenn man sich nach den Richtlinien des »tit for tat« verhalten will, das heißt, wenn man einen unkooperativen Zug des anderen mit einem eigenen unkooperativen Zug beantwortet, dann auch wieder zu konstruktiven Zügen zurückzukehren, wenn der andere beginnt, sich konstruktiv zu verhalten. Bevor dies geschieht, hat der andere ja wahrscheinlich einen oder mehrere destruktive Züge gemacht, das reizt die rachsüchtige Seite in uns.

Und es reizt sie nicht nur, seien wir ehrlich, es macht manchmal sogar Spaß. Deshalb ist es oft schwer, von destruktiv wieder auf konstruktiv umzuschalten. Leichter fällt es, wenn man sich klar macht, wie hoch der Preis für fortgesetzt destruktives Verhalten ist. Immer wiederkehrende Konflikteskalationen kosten erstens unendlich viel Kraft, zweitens ist die Gegenseite ja meist auch nicht dumm und versteht es, Schläge zu führen, die treffen und immer dann kommen, wenn man es am wenigsten brauchen kann.

»Tit for tat« ist als Mittel äußerst wirkungsvoll, als Strategie aber nur dann empfehlenswert, wenn die Kriegserklärung von der anderen Seite gekommen ist und diese nichts anderes mehr akzeptiert als kriegerisches Verhalten. Es ist auch wenig sinnvoll, das als dauerhafte Maßnahme durchzuführen: Eine Abfindung für diesen Mitarbeiter dürfte billiger sein als der Preis, den man ansonsten zu zahlen hätte in Form von Zeit, Nerven, Kraft und auch Geld.

Ähnlich wie mit dem Mitarbeiter, der den Chefposten eigentlich haben wollte, wird das Gespräch verlaufen, wenn es sich bei dem Konkurrenten um den ehemaligen Chef der Abteilung handelt, der aufgrund einer Fusion nun wieder zum Mitarbeiter gemacht wurde. Auf die besonderen Schwierigkeiten, die ansonsten auftreten können in einem solchen Fall, dass zwei oder mehr Abteilungen durch Fusion zu einer einzigen gemacht wurden, werde ich in einem späteren Kapitel noch gesondert eingehen.

Der Umgang mit Zombies

Ein Beziehungsklärungsgespräch kann auch angebracht sein, wenn man von seinem Vorgänger einen »Zombie« geerbt hat. Solch einen Zombie hat wahrscheinlich jeder schon einmal getroffen: Er ist zwar körperlich anwesend, doch wo er mit dem Geist ist, ist nicht auszumachen. Dieser Mitarbeiter verfügt zwar über Intelligenz, aber er zählt zu den Minderleistern, weil er innerlich gekündigt hat und nur noch Dienst nach Vorschrift macht. Viele Unternehmen müssen ihre Lohnkosten so gering wie möglich halten und können sich solche Mitarbeiter eigentlich gar nicht mehr leisten. Ein Wiederbelebungsversuch lohnt sich daher auf jeden Fall.

Zombies geraten bei neuen Chefs sonst nämlich leicht in einen Kreislauf, der ihre Passivität nur noch verstärkt. Sie wurden vom alten Chef geerbt, der neue übernimmt sie, schätzt sie entsprechend ihrem Verhalten und ihrer Leistung ein, schreibt sie innerlich ab und überträgt ihnen nur noch die langweiligsten Aufgaben, was sie in ihrer Abneigung gegen den Job bestätigt. Die Spirale dreht sich immer weiter nach unten.

Aber Menschen sind von Haus aus motiviert. Jeder hat ursprünglich ein Interesse daran, sich selbst zu bestätigen, indem er Probleme löst. Man beobachte nur einmal kleine Kinder, zu deren allererstem Wortschatz meist »selber machen!« gehört. Sie wollen die Bauklötzchen eigenhändig aufeinandertürmen und sind stolz auf ihre Leistung.

Auch der Zombie wurde nicht als lustloser Faulpelz geboren, sondern er wurde dazu gemacht. Irgendetwas ist passiert, was ihm die Arbeitsfreude ausgetrieben hat. Manchmal gibt es natürlich Fälle, wo gar nichts mehr zu machen ist, der Mitarbeiter nur noch auf seinen Ruhestand wartet und seinen Schaffensdrang, wenn vorhanden, in Hobbys auslebt. Vor allem, wenn in einer Firma die Führungskräfte sehr häufig wechseln, die Mitarbeiter keine Kontinuität in der Führung erwarten können und alle zwei Jahre »ein neuer Wind weht«. Dann sagt sich ein Mitarbeiter vielleicht ganz zu Recht: »Der Chef im Moment ist ja in Ordnung. Aber wer weiß, was als Nächstes kommt?«, und verbleibt in seiner passiven Haltung. Wenn dann auch der Chef sagen muss, dass er keine Ahnung hat, ob er in zwei Jahren noch da ist, hat er wenig Chancen, den Mitarbeiter aus seinem Loch herauszuholen.

Doch manchmal gelingt es durch ein gutes Gespräch, die Einstellung des Mitarbeiters wieder zu ändern. Am Beginn dieses Gespräches ist es sinnvoll, dem Mitarbeiter erst einmal zu schildern, was man wahrnimmt. »Auf mich machen Sie den Eindruck von jemandem, der eigentlich keine Lust hat, hier zu arbeiten, dem die Arbeit keine Freude macht. Ich unterstelle einmal, dass es Zeiten gegeben hat, wo das anders war, wo Sie sich morgens vielleicht sogar auf Ihre Arbeit gefreut haben. Ich kann mir sehr gut vorstellen, dass einiges passiert sein muss, bis es so weit gekommen ist, wie es jetzt ist. Darüber würde ich gerne mit Ihnen sprechen, um das besser zu verstehen.« Das funktioniert natürlich nur, wenn ehrliches Interesse signalisiert wird.

Es kann gut sein, dass der Mitarbeiter regelrecht schockiert ist über solche Fragen, weil er nicht gewohnt ist, dass jemand sich die Mühe macht, ihm zuzuhören. Schon das kann zu drastischen Verhaltensänderungen führen.

Der Verkaufsleiter eines großen Autohauses berichtete über einen solchen Fall. Einem seiner Mitarbeiter aus der Disposition hatte schon sein Vorgänger den Schreibtisch ganz hinten in die Ecke gestellt, damit er Kunden nicht so auffiele. Er machte mürrisch Dienst nach Vorschrift und pflegte, in der Mittagspause sein mitgebrachtes Vesper groß auf dem Schreibtisch auszubreiten, egal, ob Kunden in der Nähe waren oder nicht. Davon konnten ihn auch keinerlei Vorhaltungen abbringen.

Durch die Ermahnungen und das Abschieben nach hinten fühlte er sich aber tatsächlich abgeschoben und sah schon gar nicht mehr ein, dass er sich Mühe geben sollte, die anderen gaben sich ja auch keine Mühe mit ihm. Durch das Gespräch, das der neue Verkaufsleiter mit ihm führte, machte er zum ersten Mal die Erfahrung, dass sich jemand dafür interessierte, weshalb er eigentlich »null Bock« auf Arbeit hatte. Als er Verständnis fand für das, was ihn ursprünglich in diese Verweigerungshaltung gebracht hatte, änderte sich sein Verhalten schlagartig so auffällig, dass die Kollegen den Verkaufsleiter fragten, was er nur mit diesem Mitarbeiter gemacht habe.

Er hatte nichts weiter gemacht, als zuzuhören, und wenn man dazu bereit ist, hört man wahrscheinlich häufig Geschichten von nicht eingehaltenen Versprechungen, Beförderungen, die zugesagt, aber nie vorgenommen wurden, und anderen Enttäuschungen, aus denen dann die trotzige Haltung erwuchs: »Wenn die nichts für mich tun, tue ich auch nichts mehr für sie!« Es kann gut sein, dass man sich erst einmal eine Stunde lang solche Geschichten anhören muss. Es ist sinnvoll, dafür Verständnis zu äußern, jedoch nicht, Mitleid zu zeigen.

Sobald er sich ausgesprochen hat, sollte man zum wesentlichen Punkt kommen, nämlich dem Mitarbeiter deutlich zu machen: »Ich verstehe jetzt sehr viel besser, was alles dazu geführt hat, dass Sie bei der Arbeit bislang so reagiert haben. Nun ist es aber so, dass ich als Ihr neuer Chef mit diesen vergangenen Vorfällen nichts direkt zu tun habe. Ich bin also die falsche Adresse für Ihren Ärger. Ich würde sehr gern konstruktiv mit Ihnen zusammenarbeiten. Dazu brauche ich aber auch Ihr Entgegenkommen! Ich bin gerne bereit, mit Ihnen nach einem Weg zu suchen, wie Sie wieder Spaß an Ihrer Arbeit finden können, wenn Sie das wollen!«

Vermutlich ist es nicht einmal nötig, den Mitarbeiter darauf hinzuweisen, dass es auch für ihn eine Plage ist, noch viele Jahre lang frustriert zur Arbeit zu gehen. Und dass es auch für ihn einen Zugewinn an Lebensqualität darstellt, wenn er seine Tätigkeit als sinnvoll und erfüllend erlebt und sich gebraucht fühlt. Auf dieser Basis kann man versuchen, ein neues Arbeitsbündnis mit dem Mitarbeiter einzugehen.

Wie schon gesagt, ein solches Gespräch ist kein Allheilmittel für jeden Zombie, nicht jeder ist »wieder-belebbar«. Manchmal hat sich die Schraube aus Enttäuschung und Verärgerung, die daraus folgende trotzige Verweigerung – aufgrund derer der Mitarbeiter auf das Abstellgleis, ohne herausfordernde Aufgaben kam (was zu noch mehr Frustration führte) – bereits so fest zugezogen, dass sie sich nicht mehr lösen lässt. Da diese Mitarbeiter aber für gewöhnlich eine Menge Berufserfahrung haben, ist es den Versuch wert.

Man sollte bei einem solchen Gespräch dem Mitarbeiter jedoch unmissverständlich klar machen, dass es in seinem Verantwortungsbereich liegt, wie er und sein Chef künftig miteinander umgehen. Es ist seine Verantwortung, ob er sich weiterhin verweigert, oder ob er sich zu einer konstruktiven Haltung entschließt. Und wenn er die Entscheidung trifft, bei seiner Verweigerungshaltung zu bleiben, liegt es ebenfalls in seiner Verantwortung, dass er weiterhin die langweiligen Routineaufgaben zugeschoben bekommt, weil er mit verantwortungsvollen Aufgaben nicht betraut werden kann.

Der Startworkshop mit Mitarbeitern

Die Vorgehensweise, bei einem Wechsel der Führungskraft mit einem Startworkshop zu beginnen, wurde ursprünglich in der amerikanischen Armee entwickelt. Dort hatte man die Erfahrung gemacht, dass immer, wenn irgendwo der Standortkommandant wechselte, es zu lästigen Anlaufschwierigkeiten kam. Es dauerte immer recht lange, bis die Dinge sich wieder reibungslos eingespielt hatten, und häufig kam noch hinzu, dass jede Seite sich über die andere ärgerte.

Wie man schließlich herausfand, lag das zum größten Teil daran, dass die Mannschaften und ihre neuen Führungskräfte nicht wussten, welches ihre gegenseitigen Erwartungen waren. Jede Seite ging davon aus, es ginge so weiter, wie sie es davor gewohnt waren. Die Mannschaften glaubten, so wie es dem vorigen Kommandanten recht gewesen sei, so wolle es auch der Neue haben, der Kommandant erwartete, dass sie »natürlich« alles genauso machten, wie seine letzte Truppe.

Der alte Kommandant wollte bei der Arbeit nicht von seiner Frau gestört werden, der neue war völlig entsetzt, als er schließlich mitbekam, dass seine Frau keine Chance hatte, mit ihm zu telefonieren. Wo der vorherige Chef penible schriftliche Berichte erwartete, hätten dem neuen kurze Notizen genügt, und die Arbeit vieler Stunden landete ungelesen auf einem Stapel. All diese Dinge schaffen natürlich schlechte Stimmung, weil beide Seiten von einander enttäuscht sind. Da die ersten Transaktionen eine entscheidende Bedeutung für den weiteren Verlauf der Kommunikation haben, können sich Muster bilden, die die Zusammenarbeit unnötig belasten. Wenn sich falsche Bilder erst einmal festgesetzt haben, ist es mühsam, sie zu korrigieren.

Als man in der Armee jedoch damit begonnen hatte, Startworkshops einzuführen, wurden die Schwierigkeiten, die sonst bei Führungswechseln üblich waren, deutlich verringert. Dies ist ein Punkt, wo man einmal etwas vom Militär lernen kann. In der Wirtschaft wird es noch relativ selten gemacht, doch es ist eine sinnvolle Maßnahme, die nicht viel Aufwand bedeutet.

Zur Vorbereitung des Startworkshops sollten sich die Mitarbeiter lediglich eine Menge ganz konkreter Fragen überlegen, die sie an den neuen Chef haben und die den Umgang miteinander betreffen. Mögliche Fragen sind zum Beispiel:

- Worüber wollen Sie immer sofort unterrichtet werden?
- In welcher Form wünschen Sie Berichte? Ausführlich/kurz? Mündlich/schriftlich? Mit einem bestimmten Aufbau?
- Sind Sie jederzeit ansprechbar? Oder gibt es störungsfreie Zeiten, die unbedingt eingehalten werden sollten?
- Wie signalisieren Sie, dass Sie auf keinen Fall gestört werden wollen?
- Was erwarten Sie bei Sitzungen?
- Soll es vorher immer eine Agenda geben?
- Moderieren Sie die Sitzungen immer selbst oder soll die Moderation wechseln?
- Wie häufig wird es Teamsitzungen geben, wie lange werden sie dauern?
- Bei welchen Problemen kann man Sie auch privat anrufen?

- Wollen Sie mit dem Team zu Mittag essen oder mit Ihren Kollegen?
- Wie soll der Umgang mit Briefen gehandhabt werden?
- Welche wollen Sie unterschreiben, welche können auch ohne Ihre Unterschrift weggeschickt werden?
- Arbeitet Ihre Sekretärin ausschließlich für Sie oder ist sie auch für das Team einsetzbar?
- Sollen wir eher mehr informieren, also viele E-Mails schicken, und Sie wählen selbst aus, was Sie lesen wollen, oder wollen Sie nur eine bestimmte Auswahl an Informationen?
- Kann man spontan zu Ihnen kommen oder soll man vorher einen Termin vereinbaren?
- Wenn man mit Ihnen einen Gesprächstermin vereinbart hat, wie viel erwarten Sie an Vorinformation?
- Wie stehen Sie dazu, wenn man einmal eine Stunde eher als üblich geht, wenn man seine Arbeit gut im Griff hat?
- Womit kann man Sie ganz sicher verärgern?
- Welche Verhaltensweisen können Sie überhaupt nicht leiden?

Aber nicht nur die Mitarbeiter, auch der neue Chef kann sich Fragen an sein Team überlegen, um dessen Wünsche kennen zu lernen:

- Was erwarten Sie von mir als Führungskraft?
- In welcher Form wünschen Sie sich Führung?
- Wie würden Sie sich wünschen, dass Kritik geübt wird?

Natürlich muss klar sein, dass die Führungskraft unter Umständen nicht alle Wünsche erfüllen kann. Wenn die Wünsche zu weit gehen, hat man jedoch eine gute Gelegenheit, von vornherein klar zu sagen, dass man das sicher nicht machen wird. Das beugt Enttäuschungen vor.

Je nachdem, wie groß die Abteilung ist, sollte man zwei bis drei Stunden Zeit für diesen Startworkshop einplanen. Das ist gut investierte Zeit, denn danach ist es für die Mitarbeiter bedeutend leichter, sich auf den neuen Chef einzustellen, und mancher unnötige Ärger wird vermieden. Deshalb sollte der Startworkshop auch so früh wie möglich durchgeführt werden, am besten noch vor den Einzelgesprächen mit den Mitarbeitern. Wenn man beim Startworkshop schon klare Vereinbarungen treffen kann, reduziert das die Zahl der Missverständnisse. Man wird sie zwar nicht ganz ausschließen können, aber trotzdem ist schon viel gewonnen.

Um sich bei den Mitarbeitern zu etablieren, ist es möglicherweise auch interessant, sich einer Variante des Startworkshops zu bedienen, sodass man sich auch einmal in einem inoffiziellen Rahmen begegnen kann. Man kann den Startworkshop über ein Wochenende in einem schönen Hotel abhalten, wo es Gelegenheit gibt, zwanglos abends ein Bier miteinander zu trinken, einen längeren gemeinsamen Spaziergang zu machen oder Ähnliches, sodass man sich ganz unbefangen kennen lernen kann.

Der Schritt vom Kollegen zum Chef

Auch wenn einem neuen Chef das Spielfeld und die Kollegen bestens vertraut sind, können sich aufgrund der Tatsache, dass man zum Chef befördert wurde, Schwierigkeiten ergeben, mit denen man zunächst nicht gerechnet hat.

Eine der ersten ist möglicherweise, dass man aus der einstigen Peergroup, der Gruppe von Gleichen, in der vielleicht auch Freundschaften entstanden sind, herausfällt. Führungskraft zu werden hat auch seinen Preis. Als Erstes fällt einem vielleicht auf, dass die Gespräche der einstigen Kollegen verstummen, wenn man zur Kaffeemaschine kommt. Dann bekommt man so am Rande mit, dass offensichtlich wieder eine der tollen Partys stattgefunden hat, wo die Kollegen mit Partnern ausgelassen feiern und die man immer ganz besonders genossen hat. So gründlich man auch den ganzen E-Mail-Korb noch einmal durchsucht, es führt kein Weg an der enttäuschenden Erkenntnis vorbei, dass man tatsächlich nicht eingeladen wurde. Möglicherweise erfährt man auf Umwegen, dass Dinge in der Abteilung vorgefallen sind, von denen einen niemand unterrichtet hat.

Man muss akzeptieren, dass die Beziehungen sich wandeln.

Man gehört jetzt nicht mehr zur einstigen Kollegengruppe: Die Kollegen sind jetzt die anderen Führungskräfte.

Ein wichtigeres Problem ist jedoch, dass es manchmal schwieriger ist, seinen Standpunkt durchzusetzen, als wenn man von außen gekommen wäre. Vor allen Dingen, wenn man anfällig ist für Vorwürfe nach dem Motto: »Wir haben schon verstanden, dass Du der neue Chef bist. Du musst das jetzt nicht so heraushängen lassen!« Anschuldigungen mit diesem Tenor sind in der Regel Angebote für ein psychologisches Verfolger- Spiel. Nimmt man dieses Angebot an, das heißt, geht man in Verteidigungshaltung, hat man schon verloren. Besser ist es, solche Spitzen zu ignorieren oder mit Humor darauf zu reagieren und sich immer wieder klar zu machen, dass Grenzen setzen nun einmal mit zu den Aufgaben einer Führungskraft gehört. Unter Umständen ist es hilfreich, von sich aus mehr Distanz zu den einstigen Kollegen zu wahren.

Probleme verursachen kann auch ein interner Konkurrent, der im Wettstreit um den Posten, den der neue Chef jetzt hat, unterlegen ist. Es kommt immer wieder vor, dass solch ein Mitarbeiter versucht, die Autorität des neuen Chefs zu untergraben, zum Beispiel, indem er ihn wiederholt auf fachlicher Ebene angreift. Da er vermutlich die Schwachstellen des einstigen Kollegen kennt, ist es ihm ein Leichtes, den neuen Chef unter Druck zu bringen. Statt sich in solche unfruchtbaren »fachlichen« Diskussionen verwickeln zu lassen, ist es hilfreicher, recht bald ein Beziehungsklärungsgespräch nach dem oben erläuterten Muster zu führen. Sollte das kein brauchbares Ergebnis bringen, ist es auf jeden Fall nervenschonender, diesen Mitarbeiter in einen anderen Bereich zu versetzen.

7.

Etablieren auf gleicher Ebene

Als neuer Chef muss man sich nicht nur bei den Mitarbeitern etablieren, auch von den neuen Kollegen muss man in der Rolle als Leiter der Abteilung XY anerkannt sein, und das geschieht keineswegs automatisch, wie das folgende Beispiel illustriert:

Ein Verkäufer eines großen Autohauses war so erfolgreich, dass er zum Verkaufsleiter PKW aufstieg. Sein Kollege aus der Abteilung LKW war schon viele Jahre lang Verkaufsleiter, und auch der Technische Leiter sowie der Kaufmännische Leiter waren uralte Hasen, die ihre Position schon seit langer Zeit innehatten. Aus diesem Grund wurde der neue Verkaufsleiter anfänglich von seinen Kollegen überhaupt nicht ernst genommen, sie sahen in ihm immer noch den guten Verkäufer, aber keine gleichwertige Führungskraft.

Er kam jedoch gleich zu Beginn seiner neuen Tätigkeit in ein Verkaufsleitertraining, an dessen Entwicklung ich beteiligt war. Es erstreckte sich über zwei Jahre, und eines der ersten Themen, die wir behandelten, war die Frage, wie man sich als Verkaufsleiter um die strategische Ausrichtung seiner Abteilung kümmert. Welche Parameter legt die Firma fest, was wird es in den nächsten drei bis vier Jahren an Veränderungen geben, welche neuen Produkte werden auf einen zukommen, was sagen Experten, wohin sich der Markt entwickeln wird und so weiter. Mit Hilfe der Szenario-Technik wurden verschiedene Szenarien entworfen, und es wurde überlegt, was das für die jeweilige Abteilung des Teilnehmers bedeutete. Jeder Teilnehmer konnte konkret planen, wie er seine Verkäufer schulen wollte, wie viel Personal er überhaupt brauchte, was an Arbeitsmaterialien und Räumlichkeiten erforderlich war, mit welchen Themen er sich beschäftigen wollte.

Aufgrund dieser Analysen und Planungen im Seminar hatte der junge Verkaufsleiter bald ein Maßnahmenbündel geschnürt, mit dessen Umsetzung er beginnen wollte, um für die Zukunft gut gerüstet zu sein. Er fing sehr schnell mit der Umsetzung seiner Ideen an. Es erwies sich als *das* Mittel, sich innerhalb kürzester Zeit auch bei seinen Kollegen als Führungskraft zu etablieren.

Bereits nach drei Monaten, als er erste Maßnahmen schon ergriffen oder sie in der Geschäftsleitungsrunde hatte diskutieren lassen, kam sein LKW-Kollege auf ihn zu. Er wollte ausführlich mit dem jungen Kollegen sprechen und bat um eine genaue Erklärung, was er im Seminar alles gelernt habe und wie man die strategische Ausrichtung ausführe. Von diesem Moment an war klar, dass der junge Verkaufsleiter sich im Kreis seiner Kollegen etabliert hatte, denn auch die anderen in der Geschäftsleitungsrunde nahmen ihn nun ernst. Man hörte ihm ganz anders zu, ging ganz anders auf das, was er sagte, ein.

Das Beispiel macht deutlich, dass man als neue Führungskraft deutliche Signale setzen muss, um sich bei den Kollegen zu etablieren. Vor allem, wenn noch alte Bilder in den Köpfen der neuen Kollegen sind, weil man aus den Reihen der Mitarbeiter aufgestiegen ist. Dann sind solche Signale hilfreich, um von den anderen als Gleicher wahrgenommen zu werden. Ein gelungener Vorschlag zur Umorganisation, gelungen deshalb, weil man die Situation aus dem Effeff kennt, kann sehr viel Respekt einbringen. Ein neues Projekt anpacken, möglichst eines, auf das die anderen lange gewartet haben, macht den Kollegen klar: Da ist jemand, der etwas bewegt.

Genau damit sollte allerdings jemand, der von außen als Führungskraft neu hinzugekommen ist, vorsichtig sein. Seine Voraussetzungen sind nämlich andere: Der Überblick, der dem anderen gestattet, sofort gestalterisch loszulegen, fehlt ihm. Wenn man das Gelände noch nicht kennt und deshalb nicht weiß, was man bei dem, was man so motiviert anpackt, alles auslöst, könnte man sich schnell den Unmut aller einhandeln.

So ist es dem neuen Marketingleiter eines Finanzdienstleisters ergangen. Er stürzte sich, sehr zur Freude der Geschäftsleitung, sofort darauf, eine neue Broschüre zu erstellen. Da er noch dazu den Mut hatte zu behaupten, das sei in aller Kürze zu machen, wurde sein Vorstoß von der Geschäftsleitung in allen Abteilungen durchgesetzt. Was er nicht wusste, war, dass aus diesem Grund alle anderen Abteilungen ihre Planung ändern mussten. Die Abteilungsleiter hatten nämlich unlängst beschlossen, die Arbeit an einer neuen Broschüre zugunsten eines anderen, wichtigeren Projekts zurückzustellen.

Die Anordnung der Geschäftsleitung brachte sie jetzt unter Druck: Die Arbeit an der neuen Broschüre musste aufgenommen werden, ohne dass man dafür das andere Projekt hätte fallen lassen können. Der Ärger über die vielen Überstunden und die Wochenendarbeit entlud sich natürlich auf dem Haupt des neuen Marketingleiters. Man warf ihm vor, dass er versuche, auf Kosten der anderen Abteilungsleiter Punkte bei der Geschäftsleitung zu machen. Man hätte sich bislang unter kooperativer Zusammenarbeit immer etwas anderes vorgestellt. Dem Marketingleiter gelang es nicht, die Akzeptanz seiner Peergroup zu erhalten. Durch den Mangel an Unterstützung, den er von den anderen Abteilungsleitern erfuhr, weil er in Unkenntnis der Umstände bestimmte Themen zu schnell angepackt hatte, konnte er seine Projekte auch nicht so erfolgreich umsetzen, wie sich die Geschäftsleitung das gewünscht hatte. In der Folge geriet er deshalb auch mit der Geschäftsleitung, die zunächst von ihm ganz begeistert gewesen war, in große Auseinandersetzungen.

»Schnellschüsse« kann sich in der Regel nur jemand leisten, der das Unternehmen durch und durch kennt. Ein Neuer, der von außen kommt, hat manchmal die Neigung, einem Irrtum zu unterliegen: Er nimmt an, die neuen Kollegen seien nicht schnell und nicht effektiv genug, und er könne es besser. Die Neigung, auf andere Menschen herabzusehen, basiert fast immer auf Unkenntnis, und auch in diesem Fall rührt sie daher, dass der Neue die Gesamtzusammenhänge noch nicht kennt. Natürlich kann man gelegentlich Unfähigkeit bei einzelnen Kollegen ausmachen, aber wenn man so von allen denkt, sollte man vielleicht das *eigene* Denken kritisch überprüfen.

Die geschilderten Probleme des Marketing-Leiters kann man vermeiden, wenn man sich zu Beginn mehr Zeit lässt und in Erfahrung bringt, was und wie die Kollegen arbeiten, und ihren Bezugsrahmen kennen lernt. Fragen zu stellen kommt auf jeden Fall besser an als Überheblichkeit! Und selbst wenn man dabei tatsächlich auf idiotische Strukturen stößt, nützen voreilige Maßnahmen gar nichts – es sei denn, man ist gerade oberster Boss geworden. In jedem anderen Fall erweist sich nämlich meist das System als stärker. Es wäre schade, einen erfolgversprechenden Ansatz scheitern zu lassen, nur weil einem die Geduld gefehlt hat.

Das Beispiel des Marketingleiters zeigt aber noch etwas anderes. Wenn man unterschätzt, wie sehr man auf die Kollegen angewiesen ist, ist man schnell auch vor der Geschäftsleitung diskreditiert. Es ist also hilfreich, sich nicht nur mit den Mitarbeitern, sondern auch mit den Kollegen in ein gutes Einvernehmen zu setzen. Auch das ist mit Einzelgesprächen am besten zu bewerkstelligen, beginnend mit den Kollegen, mit denen man unmittelbar zusammenarbeiten muss. Zu klären sind in einem solchen Gespräch hauptsächlich folgende Fragen:

- Wo sind die Berührungspunkte der Abteilungen?
- Was bekommt meine Abteilung von seiner und umgekehrt?
- Wie war die Zusammenarbeit mit dem Vorgänger? Was war gut? Was war schlecht?
- Wie sähe die optimale Zusammenarbeit aus?

Bei der Klärung all dieser Fragen ist es wichtig, sich nicht zu Stellungnahmen hinreißen zu lassen, dafür ist es noch zu früh. Besser ist es, sich auf das Auflösen der Worthülsen zu besinnen! Wenn man in einem Gespräch einen guten Draht zu seinem Gesprächspartner hat, kann man ihn nach Tipps über Grundsätzliches in dieser Firma fragen:

- Was muss man in dieser Firma unbedingt beachten?
- Was darf man niemals tun?
- Welches ist der sicherste Weg, mit einer neuen Idee zu scheitern?
- Welche Wege gibt es, neue Ideen durchzubringen?

- Wie geht man am besten damit um, wenn man Kritik an Unternehmensabläufen hat?
- Welche Art von Entscheidungen kann man problemlos allein treffen, wann muss man unbedingt jemanden einbinden?

Am Ende eines Kollegengespräches ist es sinnvoll, einen Folgetermin zu vereinbaren, um gegebenenfalls erste Veränderungen zu besprechen. Man sollte sich jedoch darüber klar sein, dass man dadurch auf der anderen Seite auch eine Erwartungshaltung schafft: Das heißt, als Neuer sollte man auch tatsächlich bereit sein, im Laufe der nächsten Wochen die ersten Veränderungsschritte einzuleiten, um nicht beim anderen Enttäuschung auszulösen.

Ein neu hinzugekommener Verkaufsleiter überraschte seine Kollegen damit, ihnen gleich zu Beginn seiner Tätigkeit einen Fragebogen vorzulegen, der Fragen enthielt wie: Was erwarten Sie von einem guten Verkaufsleiter? Wie soll die Zusammenarbeit mit Ihrer Abteilung aussehen? Nach einem Jahr gab er ihnen einen Feedback-Fragebogen: Wie haben Sie die Zusammenarbeit erlebt? Was sollte Ihrer Ansicht nach geändert werden?

Das ist natürlich auch eine Möglichkeit, einiges mit den Kollegen zu klären. Ich würde jedoch persönlichen Gesprächen den Vorzug geben. Man erhält mehr Informationen als durch einen Fragebogen und hat gleichzeitig die Möglichkeit, etwas zur Beziehungsgestaltung zu unternehmen.

Die Gestaltung des Verhältnisses zu Kollegen ist einfach, wenn man es, wie das zum Glück ja meistens der Fall ist, mit wohlwollenden und entgegenkommenden Kollegen zu tun hat. Doch in seltenen Fällen ist die Zusammenarbeit mit den Kollegen schwierig.

Der Umgang mit schwierigen Kollegen

Manchmal wird es schon in der ersten gemeinsamen Sitzung offenbar: Mit diesem Kollegen wird es Schwierigkeiten geben. Da ist zum Beispiel ein interessantes Projekt in Angriff zu nehmen, was der Neue eigentlich ganz eindeutig für seine Aufgabe gehalten hatte, doch nun gibt es einen Kollegen, der es für sich reklamiert. Er tut das entweder in aggressiver Weise, indem er selbstbewusst behauptet, solcherlei Dinge hätten schon immer in seinen Bereich gehört. Oder er tritt als »Retter« auf: »Wir müssen dem neuen Kollegen doch genügend Zeit einräumen, sich einzuarbeiten! Es macht mir nichts aus, das Projekt XY zu übernehmen und ihn dadurch zu entlasten.«

Ein solcher »Retter« macht sein »Opfer« klein. Unter dem Deckmantel »Ich will dir etwas Gutes tun« gibt er die Botschaft »Du kannst es nicht!«. Lässt man sich durch den Köder der vermeintlichen »Entlastung« einfangen, hat man wahrscheinlich sehr schlechte Karten, das einmal aus der Hand gegebene Projekt in den eigenen Bereich zurückzuholen. Ganz zu schweigen davon, dass man sich als durch andere steuerbar erwiesen hat.

Die beiden oben skizzierten Manöver gleichen in weiten Zügen den so genannten »psychologischen Spielen« der Transaktionsanalyse. Sie unterscheiden sich von diesen nur dadurch, dass sie mehr oder weniger bewusst durchgeführt werden, während psychologische Spiele meist ohne bewusste Absicht des Spielers ablaufen. Zum besseren Verständnis aller Manöver, bei denen das Gegenüber manipuliert werden soll, hat sich das theoretische Modell des »Drama-Dreiecks« aus der Transaktionsanalyse bewährt.

Wie man in Grafik 14 erkennen kann, können im Drama-Dreieck drei Rollen eingenommen werden. Wenden wir uns zunächst der Rolle des Retters zu.

Der »Retter«, der voll christlicher Nächstenliebe die Haltung »Ich will ja nur dein Bestes« verkörpert, kann sich im Bedarfsfall immer darauf zurückziehen, dass er ja schließlich nur habe helfen wollen. Zum Beispiel, wenn ihn jemand tatsächlich ungerechterweise damit konfrontieren würde, dass er unter dem Vorwand, der Neue brauche noch Schonung, die interessantesten Aufgaben an sich reißt.

Diese Art Hilfe kommt erstens ungefragt, zweitens hilft sie nicht wirklich, sondern zwingt den anderen nur in die Position des Opfers, das schließlich drittens dann auch noch ein Problem haben wird, sich aus dieser Opferrolle wieder zu befreien. Es ist also ratsam, von vornherein darauf zu achten, sich nicht zum Opfer

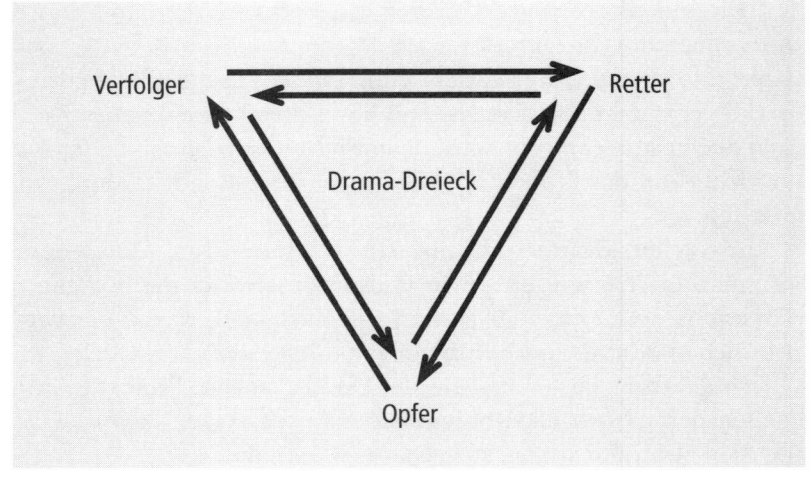

Grafik 14
Das Drama-Dreieck

machen zu lassen! Die Transaktionsanalyse geht davon aus, dass »Retter« immer nur sich selbst retten.

Nun gibt es Menschen, denen die Rolle des »Retters« überhaupt nicht liegt, die sie deswegen auch gar nie glaubwürdig verkörpern könnten. Diesen bietet sich die Rolle des »Verfolgers« an, weil die Haltung »Ich drohe dem anderen so lange, bis er Angst bekommt und aufgibt« ihrem Wesen besser entspricht.

Es gibt Manager, die sich nicht scheuen, das in einem Gespräch unter vier Augen ganz offen und deutlich zu machen. Aussprüche wie: »Wenn Sie hier etwas werden wollen, sollten Sie es sich nicht mit mir verscherzen!« sollte man als offene Kriegserklärung betrachten und anschließend sehr sorgfältig seine Position analysieren. Gleich dagegen loszustürmen und mit einem Gegenangriff zu reagieren ist nicht sinnvoll. Vielmehr sollte man es aufmerksam zur Kenntnis nehmen, ohne sich dadurch einschüchtern zu lassen. Analysieren Sie die Situation aufmerksam, wer mit wem verbündet ist, welches die heimlichen Führer sind, wen man hinter sich haben muss, um sich zu behaupten.

Sich gegen einen harten »Verfolger« durchzusetzen kann sehr schwierig und zermürbend selbst dann sein, wenn man seinen Vorstand eigentlich hinter sich weiß. Manchmal genügt das nicht, wie einer meiner Coachees erfahren musste.

Er hatte, als Geschäftsführer eines Tochterunternehmens eines großen Konzerns, einen starken und ehrgeizigen Mitgeschäftsführer an seiner Seite oder genauer: im Nacken sitzen. Dieser durchsetzungswillige Mensch ließ bei Sitzungen keine Gelegenheit aus, ihn ganz im Stile eines »Verfolgers« anzugreifen, und kommunizierte überdies ständig unaufgefordert mit dem ebenfalls starken Vorstandsvorsitzenden. Sein »Opfer« hingegen hielt hauptsächlich mit seinem zuständigen Vorstand Kontakt, der ihm auch volle Rückendeckung gab. Letzten Endes nützte das nichts, denn das »Opfer«, das sich ganz auf dieses Vorstandsmitglied verließ, hatte eine entscheidende Sache übersehen. Der Vorstand war selbst noch so neu in seinem Gremium, dass er nicht vollständig darin etabliert war und darüber hinaus den Geschäftsführer gegen die Attacken seines Konkurrenten nicht halten konnte. Dieser hatte, da er ständig an den Vorstandsvorsitzenden berichtete, die Position des Geschäftsführers völlig untergraben.

Klüger wäre es in dieser Situation gewesen, wenn der Geschäftsführer sich nicht ausschließlich auf seinen zuständigen Vorstand gestützt, sondern versucht hätte, auch andere Vorstandsmitglieder für sich zu gewinnen, beispielsweise durch einen Nutzen, den er bieten kann. Außerdem hätte er auf jeden Fall von sich aus mehr Kontakt zum Vorstandsvorsitzenden herstellen müssen, um ihn mit Informationen zu versorgen, die die einseitigen Berichte seines Konkurrenten hätten relativieren können. Dadurch hätte er die Erfahrungsbasis des Vorstandsvorsitzenden vergrößert, der daraufhin die gesamte Situation besser hätte einschätzen können. Da der Geschäftsführer jedoch wenig Kontakt zum Vorstandsvorsitzenden hatte, ihn vielleicht sogar aus dem Grund mied, weil er wusste, dass sein »Verfolger« ihm alles Mögliche zusteckte, war es kein Wunder, dass der Vorstandsvorsitzende falsch informiert war.

Sicherlich wäre es auch sinnvoll gewesen, im direkten Kontakt, allerdings auf gar keinen Fall durch einen Gegenangriff, mit dem Kontrahenten eine Auseinandersetzung herbeizuführen, um das Verfolgerspiel zu beenden. Das wäre bei einem so aggressiven Gegner wahrscheinlich erfolglos geblieben. Besser wäre es gewesen, sich in Sitzungen unter Zeugen die Techniken des »geistigen Judo« zunutze zu machen, den anderen also zum Beispiel durch immer weiter führende Fragen auf unsicheres Gebiet zu führen.

Gerade ein impulsiver und emotionaler Mensch, als der der andere sich erwiesen hatte, lässt sich durch Fragen leicht dazu provozieren, Aussagen zu machen, die auch anderen Zuhörern klar machen, dass er sich verrennt. Selbstverständlich sollte man jedoch, bevor man zu solchen Mitteln greift, zunächst im Einzelgespräch versuchen, die Situation zu klären. War man dabei erfolglos, sollte man sich auf das Verfolgerspiel einstellen, aber einen anderen Kampfstil als der Gegner pflegen.

Kommen wir nun zur dritten Rolle im Drama-Dreieck, zur Rolle des Opfers. Auch diese Rolle kann von Kollegen eingenommen werden, allerdings dann nicht mit der Absicht, sich interessante Aufgaben herauszupicken, sondern im Gegenteil, um Aufgaben loszuwerden. Manche Menschen können der Versuchung nicht widerstehen, langweilige oder ungeliebte Aufgaben, die selten adäquat honoriert werden, auf andere abzuladen. Ein Neuer, der das vielleicht noch nicht durchschaut, bietet sich dafür geradezu an.

Also wird sofort entweder die Tragödie »Wir sind so schrecklich überlastet« inszeniert, oder man stellt das beliebte Drama »Sie sind wunderbar, Herr Professor!« zur Schau. Dabei wird der Neue kurzerhand zum »Spezialisten für …« erklärt, mit Vorschusslorbeeren überhäuft und als Retter in der Not gefeiert. Gegen diese Art von Schmeichelei ist nicht jedermann immun, und wenn man mit mehr oder weniger stillem Triumph denkt: »Dann wollen wir diesem Laden doch mal zeigen, wie man so etwas richtig anpackt!«, hat man leider übersehen, dass man gerade in eine Falle getappt ist.

Gerade in der Anfangsphase, wo fast jeder viel Wertschätzung von außen braucht, ist man besonders gefährdet, in diesem Spiel den Kürzeren zu ziehen. Ahnt man hingegen schon, worauf die Sache hinausläuft, nimmt man am besten die Wertschätzung an und lehnt die Aufgabe ab. Wenn man erkennt, dass man in die Rolle des Retters gedrängt werden soll, hat man eine gute Gelegenheit, das Neinsagen zu üben, denn dann heißt es, sich abzugrenzen.

Psychologische Spiele werden selbstverständlich nicht nur unter Kollegen gespielt, sie begegnen einem auch im Umgang mit Mitarbeitern und Vorgesetzten. Wer sich mit diesem Thema intensiver auseinander setzen möchte, findet dazu mehr theoretischen Hintergrund und viele praktische Beispiele in *Die alltäglichen Spielchen im Büro* (Frankfurt/New York 2001) von Ulrich Dehner.

8.

Etablieren nach oben

Ein wichtiger Punkt, der trotzdem leicht übersehen wird, ist die Notwendigkeit, sich auch beim eigenen Chef als Führungskraft zu etablieren, damit dieser die Qualifikationen und Qualitäten des neuen Mitarbeiters kennen lernt.

In einem meiner Führungstrainings beklagte sich eine junge Führungskraft über ihren Chef. Der junge Mann war mit seinem Vorgesetzten überhaupt nicht zufrieden, denn er habe ihn immer und immer wieder auf Missstände in der Abteilung hingewiesen, ohne dass der Chef irgendetwas unternahm: »Wenn man ihm so gravierende Dinge berichtet, da muss doch etwas geschehen! Da kann er doch nicht einfach nichts tun!« Er war sehr überrascht, als ich ihm zur Antwort gab: »Das Verhalten Ihres Chefs will ich gar nicht beurteilen. Aber von Ihnen als Führungskraft würde ich etwas ganz anderes erwarten. Ihr Verhalten scheint mir eher das eines Mitarbeiters zu sein, der ein Problem entdeckt hat und es nun für die Aufgabe seines Vorgesetzten hält, dass der etwas unternimmt. Von einer Führungskraft erwarte ich, dass sie entscheidungsreife Vorlagen bringt und darlegt, wohin sie ihre Mitarbeiter führen will. Was würden Sie denn von einem Reiseleiter halten, der Ihnen mitteilt, es gäbe im Moment ziemliche Probleme mit dem Hotel, ohne dazuzusagen, was er dagegen unternehmen wird?«

Um sich bei seinem Chef als Führungskraft zu etablieren, muss man sich entsprechend verhalten. Nur so bekommt auch der Vorgesetzte den Eindruck, dass er sich auf die Führung des Neuen verlassen kann. Der Vorgesetzte muss merken, dass der Neue Probleme zielorientiert und konstruktiv anpackt, seinem Vorgesetzten

Arbeit abnimmt und zeigt, dass er seinen Verantwortungsspielraum ausfüllt.

Am besten noch bevor er seinen Job übernimmt, sollte der Neue auch die Fragen einer Führungskraft stellen: nach der Unternehmensstrategie und nach den strategischen Überlegungen des nächsthöheren Chefs. Denn er hat selbst die Aufgabe, seinen Teil zu dieser Gesamtstrategie beizutragen. Mit solchen Fragen kann man auch gleich implizit zeigen, dass man nicht vorhat, als »Erster Sachbearbeiter« tätig zu werden, sondern wirklich als Führungskraft. Es hat mich in Trainings oft erschreckt festzustellen, wie viele Menschen sich nicht um die strategische Position ihrer Firma kümmern. Sie lassen sich vollkommen vom Tagesgeschäft absorbieren und merken gar nicht, dass sie dadurch die Funktion eines Vorarbeiters übernehmen, aber nicht die einer Führungskraft.

Zielplanung erhöht den Erfolg

Gleichgültig, ob das Unternehmen, in dem man neue Führungskraft ist, das Konzept »Führen mit Zielvereinbarungen« verfolgt oder nicht, ist es empfehlenswert, nach einer angemessenen Zeit, ohne zu lange damit zu warten, für den eigenen Bereich Ziele zu formulieren. Das sollten mindestens Jahresziele, unter Umständen aber auch längerfristige Ziele sein. Aufgrund dieser Ziele kann man eine Grobplanung über die nötigen Schritte erstellen. Damit ausgerüstet, kann man auf seinen Chef zugehen, um es mit ihm abzustimmen. Dadurch macht man ihm sehr bald deutlich, dass man nicht vorhat, sich irgendwie durchzuwursteln, sondern dass das eigene Handeln eine Richtung besitzt.

Aller Erfahrung nach ist es äußerst hilfreich, die Ziele, die man sich gesetzt hat, anhand von Zielkriterien, die ich noch genauer erläutern werde, zu überprüfen.

Diese Kriterien sind:

- Das Ziel muss konkret sein.
- Das Ziel sollte direkt oder indirekt messbar sein.

- Das Ziel sollte positiv formuliert sein.
- Das Ziel sollte zu den übergeordneten Zielen passen.
- Das Ziel sollte realistisch sein.
- Das Ziel sollte durch eigene Anstrengungen erreichbar sein.
- Das Ziel sollte ein Erreichungsdatum haben.

Idealerweise sind Ziele in Form von Ergebnissen formuliert. Leider haben die meisten Ziele jedoch die Qualität von: »Wir treffen uns irgendwann morgen!«

Typisch für solche unkonkreten Ziele ist zum Beispiel: »Die neue Software ist bis zum Oktober in der Abteilung eingeführt.«

Hier bleibt es dem Bezugsrahmen des Betroffenen überlassen, wann denn nun die Software als eingeführt gilt. Ist sie eingeführt, wenn sie auf die Rechner gespielt wurde und funktioniert, obwohl noch keiner sie bedienen kann? Ist sie eingeführt, wenn die Mitarbeiter die für die Arbeit wesentlichen Teile beherrschen? Oder ist sie eingeführt, wenn die Mitarbeiter alle Bestandteile der Software beherrschen?

Am besten hinterfragt man Ziele so lange, bis alle derartigen Fragen geklärt sind. Erst dann wird ein Ziel konkret.

Die Messbarkeit ist bei quantitativen Zielen schnell geklärt. Entweder man macht Umsatz oder nicht. Schwieriger wird es mit der Messbarkeit, wenn es sich um qualitative Ziele handelt. Ein Ziel wie: »Ich will die Kundenorientierung der Mitarbeiter erhöhen«, ist nicht direkt messbar. Um später herausfinden zu können, ob man dieses Ziel erreicht hat, hilft es, sich vorher bestimmte Fragen zu stellen: »Woran werde ich erkennen, dass die Kundenorientierung zugenommen hat? Sollte ich eine Kundenbefragung erwägen? Erkenne ich es an der verringerten Zahl von Reklamationen und Kundenbeschwerden?« Mindestens ein Kriterium sollte als Indikator, dass das Ziel erreicht ist, festgelegt werden.

Dass ein Ziel keine negativen Formulierungen wie zum Beispiel: »Wir wollen nicht mehr so viele Kunden verlieren« enthält, ist aus folgendem Grund wichtig: Nicht-Ziele entwickeln keine Sogwirkung – es gibt nichts, wo es einen positiv hinzieht, Nicht-Ziele weisen nur von etwas weg. Von einem unerfreulichen Zustand wegkommen zu wollen hat längst nicht die Wirkung, wie etwas

Erwünschtes erreichen zu wollen. Es beflügelt einen vermutlich weit stärker, wenn man sich Gedanken macht über: »Wir binden die Kunden stärker an uns«, als wenn man über das Nicht-Ziel grübelt.

Damit die Ziele die Akzeptanz des eigenen Vorgesetzten finden, ist es entscheidend, dass die selbst entwickelten Ziele mit den Firmenzielen übereinstimmen. Sie sollten die wichtigsten Firmenziele unterstützen und erkennen lassen, dass die Führungskraft sich angesichts dieser Ziele gefragt hat, was das für ihre Abteilung heißt und welchen Beitrag sie und ihre Abteilung dazu leisten können.

Dass Ziele realistisch sein sollen, ist in meinen Augen der schwierigste Punkt überhaupt. Wir Menschen neigen dazu, die Vergangenheit in unseren Gedanken linear fortzuschreiben und alles, was an Ideen von diesen Erfahrungen abweicht, als unrealistisch zu bezeichnen. Vermutlich hätten also die meisten, als Hewlett und Packard noch in der berühmten Garage Computer zusammenschraubten, es für sehr unrealistisch gehalten dass daraus ein Weltkonzern werden könnte.

Oft genug kann man erst im Nachhinein sagen, welches Ziel realistisch war, welches nicht ... Da der Punkt jedoch üblicherweise zu den Zielkriterien dazugenommen wird, habe ich ihn aufgeführt. Aber wie gesagt, ich finde ihn problematisch und empfehle meinen Teilnehmern eher, auf ihr Gespür zu achten als auf das, was gemeinhin »realistisch« genannt wird.

Dass das Ziel durch eigene Anstrengungen erreichbar sein sollte, ist so zu verstehen, dass es wenig Sinn macht, seinen Chef oder andere Menschen einzubeziehen, sondern es besser ist die eigenen Tätigkeiten zu planen.

Ziele als Ergebnisse zu formulieren trägt zur Klarheit bei. Man sieht dann sehr genau, was wann erreicht sein wird, und hat nicht nur eine Absichtserklärung auf dem Papier. »Wir möchten, dass ab dem 1.10. jeder Mitarbeiter das neue Softwareprogramm beherrscht« klingt weniger überzeugend als: »Ab dem 1.10. ist jeder Mitarbeiter in der Lage ...«

Ziele als Ergebnisse zu formulieren hat noch einen weiteren Vorteil. Ich habe es häufig erlebt, dass Führungskräfte, die ihre Ziele so konkret formulierten, sich plötzlich unsicher wurden, ob das tatsächlich die richtigen Ziele für sie waren, ob sie wirklich voll und ganz hinter diesen Zielen stehen können. Denn manchmal wurde ihnen erst jetzt richtig klar, worauf sie sich da gerade festlegen wollten. Dann ist es besser, noch einmal nachzudenken und die Ziele zu finden, auf die man sich wirklich einlassen will.

Gelegentlich trifft man bei einem solchen Vorgehen auf einen Vorgesetzten, der seinerseits nicht daran gewöhnt ist zu planen. Unter diesen Umständen wird man Überraschung auslösen, wenn nicht gar Erleichterung, dass endlich jemand plant. Ein Chef jedoch, der strategisch arbeitet, wird hocherfreut sein über einen Gleichgesinnten und sich beglückwünschen, dass er eine wirkliche Führungskraft dazugewonnen hat.

Sich auf den Arbeitsstil des Vorgesetzten einstellen

Viele unnötige Konflikte können vermieden werden, wenn die neue Führungskraft lernt, sich von vornherein auf den Arbeitsstil des Vorgesetzten einzustellen. Jeder Mensch hat seinen individuellen Arbeitsstil. Wenn der letzte Chef am liebsten über jedes einzelne Projekt ein sauber ausgearbeitetes Paper vorgelegt haben wollte, heißt das noch lange nicht, dass die Person, mit der man es jetzt zu tun hat, den selben Wunsch hat. Legt man das mühsam erstellte Papier vor, doch der Vorgesetzte wirft keinen Blick darauf, sondern legt es achtlos in den übervollen Ablagekorb und sagt aufmunternd, darüber müsse man irgendwann einmal ausführlich reden, hält man das Projekt – nach den vergangenen Erfahrungen – schon für gestorben. Möglicherweise sollte man aber nicht das Projekt zu Grabe tragen, sondern nur die Vorstellung, die man sich von der Arbeitsweise des Chefs gemacht hat.

Es lohnt sich jedoch, sich die Mühe zu machen, etwas über die Struktur seines neuen Chefs herauszufinden. Ist es jemand, der sehr visuell veranlagt ist, dann achtet er auf die hervorragende Formatierung von Schriftstücken. Man hat wahrscheinlich die besten Chancen bei ihm, wenn man alles Wichtige schriftlich vorlegt, und zwar in exzellenter Form. Es ist ihm wichtig, dass die Hausschrift verwendet wird, mit der richtigen Schriftgröße und dergleichen Details, die ein anderer, der weniger visuell geprägt ist, gar nicht wahrnimmt.

Dieser ist vielleicht sehr viel zugänglicher über den auditiven Kanal, er will über die Dinge sprechen. Er braucht das Gespräch, um auf die Unter- und Nebentöne zu achten, um herauszuhören, ob der Mitarbeiter wirklich überzeugt ist von seiner Idee. Wenn er schon mit Schriftstücken behelligt werden muss, dann mit möglichst kurzen, knappen: Eine E-Mail genügt ihm völlig.

Im Coaching habe ich es immer wieder erlebt, dass jemand völlig frustriert und enttäuscht von seinem neuen Chef ist, weil der so ganz anders reagiert, als erwartet, obwohl man doch alles richtig gemacht habe. Man kann sich dieses Verhalten gar nicht erklären und hat dabei einfach nur übersehen, dass man versuchte, auf einem Kanal zu senden, der nicht empfangsbereit war. Umgekehrt gibt es diese Enttäuschungen selbstverständlich auch: Chefs, die sich an den Verhaltensweisen ihrer neuen Führungskraft stören, weil sie so gar nicht zum eigenen Arbeitsstil passen.

Genauso wichtig, wie herauszufinden, ob jemand eher visuell oder auditiv veranlagt ist, und sich entsprechend zu verhalten, ist es, das »Sicherheitsbedürfnis« des neuen Vorgesetzten kennen zu lernen und dem Rechnung zu tragen. Ist diese Person eher »übersicher« oder eher »untersicher«?

Ein Chef, der eher untersicher ist, hat ein enormes Bedürfnis nach Informationen. Er will über alles genauestens Bescheid wissen, denn er hasst es, eventuell in die Situation zu kommen, wo er sagen müsste: »Tut mir leid, dazu kann ich im Moment gar nichts sagen, da müsste ich zuerst mit meinem Mitarbeiter sprechen!« Er hat wahrscheinlich Angst davor, jemand könnte ihm Unwissenheit oder Inkompetenz unterstellen, oder er fürchtet, dass ihm die Kontrolle entgleitet, wenn er nicht über alles im Bilde ist. Tritt man nun als Neuer mit dem löblichen Vorsatz an: »Ich halte meinem Vorgesetzten mit besten Kräften den Rücken frei, von Problemen, die ich selbst lösen kann, braucht er gar nichts zu erfahren!«, wird man schnell in eine Konfliktsituation geraten. Dieses Verhalten löst nämlich statt Erleichterung nur Verunsicherung sowie beim Vorgesetzten den Verdacht aus, sich auf diese neue Führungskraft wohl nicht verlassen zu können.

Wenn man als Mitarbeiter eines untersicheren Vorgesetzten jedoch verstanden hat, dass das viele Nachfragen des Chefs nicht dazu dient, einem selbst in das Handwerk zu pfuschen, sondern nur das Ziel hat, dessen Unsicherheit zu beseitigen, kann man dem Rechnung tragen. Man versorgt ihn mit wesentlich mehr Informationen, als man das normalerweise tun würde, setzt ihn über alle aufgetretenen Ereignisse und Schwierigkeiten ins Bild und vermittelt ihm so das Gefühl, dass er nicht einzugreifen braucht: Der Chef hat alles im Blick, und sein tüchtiger neuer Mitarbeiter hat alles im Griff.

Im Gegensatz dazu will ein übersicherer Chef von seinem Mitarbeiter hauptsächlich eines, nämlich in Ruhe gelassen werden. Er erwartet, dass jener seine Probleme selbst löst und ihn damit nicht andauernd belästigt, er hat schließlich genug zu tun. Sollte jemand des Öfteren dem Drang nachgegeben haben, einem solchen Vorgesetzten von Schwierigkeiten zu berichten, kann es womöglich passieren, dass man beim nächsten Mal mit den Worten empfangen wird: »Haben Sie ein Problem, oder sind Sie Teil des Problems?« Ein übersicherer Chef kommt wahrscheinlich nicht auf die Idee, dass jemand, der mit einem Problem kommt, darüber nur informieren will. Er vermutet, dass man in einem solchen Fall von ihm erwartet, er solle etwas tun. Wenn man merkt, dass der eigene Chef eher dieser Gattung angehört, tut man gut daran, sich mit Informationen auf das wirklich Wesentliche zu beschränken, um zu vermeiden, dass der Chef einem Unfähigkeit unterstellt.

Durch Beobachten und gegebenenfalls auch Nachfragen kann man genug über die bevorzugten Arbeitsstile seiner jeweiligen Vorgesetzten herausbekommen, um die eigene Vorgehensweise daran anzupassen. Wenn man gelernt hat, den Arbeitsstil des anderen zu akzeptieren, schließlich gibt es für jede Vorgehensweise gute Argumente, fällt es einem wahrscheinlich bedeutend leichter, darauf einzugehen, auch wenn man selbst ganz anders arbeitet. So werden nicht nur unnötige Konflikte und Enttäuschungen, sondern auch Fehleinschätzungen des Chefs vermieden. Vielleicht nimmt er sich nicht die Zeit, darüber nachzudenken, dass das ihm unverständliche Verhalten seines Untergebenen auf einen anderen Arbeitsstil zurückzuführen ist.

Führungskraft sein heißt auch Unangenehmes tun

Ein Schritt, um sich bei Vorgesetzten und Mitarbeitern zugleich zu etablieren, ist die Erledigung ungeliebter Personalaufgaben. Immer wieder trifft man auf die unerquickliche Situation, dass es in einer Abteilung jemanden gibt, von dem alle wissen, dass er eigentlich nicht arbeitet. Diese Menschen beziehen kein Gehalt, sondern sie bekommen eine Anwesenheitsprämie, weil bisher noch kein Chef den Mut hatte, sich von ihnen zu trennen.

Es gibt auch immer wieder Fälle, in denen ein Chef nicht den Mut hat, jemanden hinauszuwerfen, von dem allgemein bekannt ist, dass er »krumme Sachen« macht: ein bisschen schwindeln bei der Reisekostenabrechnung, den privaten PKW an der Firmentankstelle auftanken oder derlei Dinge. Wenn ein neuer Chef den Willen zeigt, das nicht mit sich machen zu lassen, und eine Kündigung ausspricht, löst das zwar manchmal Erschrecken bei der Belegschaft aus, ist aber heilsam. Darüber hinaus finden die meisten Mitarbeiter wahrscheinlich ohnehin, dass es für diese Maßnahme höchste Zeit war. Durch einen unvermeidlichen drastischen Schritt zeigt man auf Mitarbeiterebene, dass man bereit ist, unpopuläre Maßnahmen zu ergreifen. Dem Chef macht man deutlich, dass man in der Lage ist, auch ungeliebte Aufgaben anzupacken.

Ein Gespräch, das viel Fingerspitzengefühl verlangt

Ein Sonderfall, wie man sich bei seinem Chef etablieren muss, kann manchmal auftreten, wenn der Chef der Vorgänger der neuen Führungskraft war. Gelegentlich entsteht dann das Problem, dass sowohl die Mitarbeiter als auch der Chef nicht so leicht loslassen können. Das heißt, die Mitarbeiter sind so sehr daran gewöhnt, sich mit Problemen an ihren ehemaligen Chef zu wenden, weil er eben ein kompetenter Ansprechpartner ist, dass vieles am

Neuen vorbeigeht. Wenn diese Art von Informationsweg öfter oder gar regelmäßig vorkommt, entsteht für den Neuen eine unglückliche Situation: Er trägt zwar formal die Verantwortung, kann aber nicht selbst steuern, weil das der andere tut. Das kann so weit gehen, dass sein Chef direkt Aufgaben an seine Mitarbeiter vergibt, die dafür alles andere stehen und liegen lassen, weil die Aufgabe von weiter oben angeordnet wurde und dadurch automatisch wichtiger ist. Daraufhin bleiben Aufgaben liegen oder werden nicht vereinbarungsgemäß fertig, auf deren Erledigung sich die neue Führungskraft verlassen hatte. Dies führt leicht zu einem Konflikt mit den Mitarbeitern.

Im Führungstraining habe ich sehr häufig erlebt, dass neue Vorgesetzte fragen, wie sie mit solchen Mitarbeitern umgehen sollen, die ihre Vereinbarungen nicht einhalten und sich natürlich auf die Weisung von oben berufen können. Die meisten reagierten sehr überrascht, wenn ihnen klar wurde, dass sie sozusagen auf der falschen Baustelle geschuftet hatten. Das Problem ist in einem solchen Fall ja nicht das Verhalten der Mitarbeiter, sondern das Verhalten des nächsthöheren Chefs der Führungskraft, der immer noch agiert, als führe er wie früher die Abteilung.

Das Problem ist aber auch, dass der Neue sich bei seinem Vorgesetzten ganz offenbar noch nicht als Führungskraft etabliert hat. Um das effektiv zu tun, muss man eines der schwierigsten Gespräche überhaupt führen. Dieses Gespräch ist deshalb so überaus heikel, weil man sich einerseits deutlich gegen seinen Chef abgrenzen muss, es aber andererseits so gestalten muss, dass auf der Beziehungsebene ganz klar ist, dass man den Chef als Chef anerkennt.

Wie oben schon ausgeführt wurde, gibt es bei jeder Kommunikation mehrere Gesprächsebenen. Es gibt die Inhaltsebene, die Beziehungsebene und die Kontextebene. Um noch einmal daran zu erinnern, es gilt für jede Kommunikation: Beziehung geht vor Inhalt. Das heißt, wenn die Beziehung schlecht ist, sind selbst einfachste Inhalte schwierig oder gar nicht zu verhandeln. Ich habe sehr viele Führungskräfte darin trainiert, genau jenes heikle Gespräch zu führen, und dabei immer wieder festgestellt, dass die meisten sich von vornherein in Schwierigkeiten bringen, weil sie ihrem Chef gleich zu Beginn des Gespräches ein nicht hilfreiches Beziehungsangebot machen.

Von den hierarchischen Gegebenheiten her betrachtet, ist die Beziehung zwischen Chef und der Führungskraft, die unter ihm rangiert, so definiert, dass sich der Chef in der oberen Position befindet, das heißt, er ist dem anderen gegenüber weisungsbefugt. Wie ich jedoch immer wieder erlebt habe, starten die meisten, die mit ihrem Chef über sein Verhalten ihren Mitarbeitern gegenüber sprechen wollen, so, als seien sie selbst in der führenden Position. Schon die gewählten Formulierungen machen das deutlich:

- »So können Sie das nicht machen!«
- »Deshalb erwarte ich von Ihnen ...«
- »Da müssen Sie einfach mal ...«

Solche Formulierungen kann sich eigentlich nur jemand leisten, der die Befugnis hat, die Regeln zu setzen. Wird ein Gespräch auf diese Art und Weise begonnen, könnte man genauso gut gleich sagen: »Also Chef, jetzt hören Sie gut zu, denn ich sage Ihnen jetzt, wie man richtig Chef ist!« Dass das kein hilfreiches Beziehungsangebot ist, leuchtet jedem ein. Wer ist schon gerne in der Situation, sich von Seiten seines Untergebenen Vorwürfe anhören zu müssen?

Das Interessante ist, dass selbst im Rollenspiel diejenigen Teilnehmer, die den Chef spielen, bei sich selbst die Feststellung machen, dass sie nach einer solchen Gesprächseröffnung einen ganz starken Impuls gespürt haben, dem anderen Grenzen zu setzen, ihm den Kopf zurechtzurücken. Genau das ist es, was sowohl in der Realität als auch im Rollenspiel meistens passiert: Es kommt zu einer schwierigen Auseinandersetzung, bei der es nicht mehr um Sachthemen geht.

Es geht allein darum, wer die Macht hat, die Regeln zu bestimmen. Wenn ein Gespräch in der oben geschilderten Weise eröffnet wird, kommt das beim Gesprächspartner als der Versuch an, ihn vom psychologischen Chefsessel hinunterzustoßen. Das ist jedoch nicht nur der subjektive Eindruck des so bedrängten Chefs. Auf der Beziehungsebene versucht der Untergebene tatsächlich, selbst den psychologischen Chefsessel zu besetzen, auch wenn das nicht seine bewusste Absicht sein mag. Dieses Verhalten löst trotzdem bei den meisten Chefs den Impuls aus, ihre Position zu verteidigen, um die Hierarchie klarzustellen, die durch diesen Versuch massiv gestört wurde.

Der Inhalt bleibt dabei gewöhnlich auf der Strecke. Die einfachste Möglichkeit, den psychologischen Chefsessel wieder einzunehmen, ist ganz einfach »Nein« zu sagen. Wer die Macht hat, zum Anliegen eines anderen, wie berechtigt dieses auch immer sein mag, »Nein!« zu sagen, ist ganz unzweifelhaft in der höheren Position. Mehr noch, gerade wenn das Anliegen des anderen seine Berechtigung hat, wenn es gar keine sachlichen Gründe dagegen gibt, ist ein »Nein« die perfekte Machtdemonstration.

Geht man so vor, ist nicht nur das Gespräch mit höchster Wahrscheinlichkeit zum Scheitern verurteilt, auch die Beziehung der beiden Gesprächspartner leidet. Jeder wird in Zukunft den anderen misstrauisch beäugen. Der eine, weil er um seine hierarchische Stellung besorgt ist, der andere, weil er sich vor neuerlichem »Machtmissbrauch« fürchtet.

Dieses Gespräch gar nicht zu führen ist allerdings genauso verhängnisvoll. Denn wenn die geschilderte Situation nicht geändert wird, entsteht ein negativer Kreislauf: Die Mitarbeiter wenden sich immer wieder gewohnheitsmäßig an ihren ehemaligen Chef, dadurch gehen der neuen Führungskraft unter Umständen wichtige Informationen verloren, die so womöglich in die Lage gerät, eine Abteilung führen zu müssen, über die sie nur unzulänglich Bescheid weiß. Wenn jedoch der Überblick fehlt, liegen Fehlentscheidungen nahe, die im unglücklichsten Fall von oben korrigiert werden müssen und den letzten Rest von Autorität in den Augen der Mitarbeiter untergraben. Daraufhin sehen sie sich natürlich erst recht darin bestätigt, sich bei Problemen sofort an die »richtige Adresse«, nämlich ihren ehemaligen Chef, zu wenden. Dieser bekommt ganz zwangsläufig den Eindruck, dass er ja gar nicht loslassen kann, wenn nicht alles durcheinander gehen soll. Das Ende vom Lied ist, dass die Situation immer untragbarer wird, wie beispielsweise bei manchen Juniorchefs, die nach vielen Jahren immer noch Junior sind und die keiner ernst nimmt.

Um dieses wichtige Gespräch richtig anzupacken, muss man

Klarheit auf der Beziehungsebene schaffen. Dies gelingt, indem man mit allen Kontextmarkierern, die einem zur Verfügung stehen, signalisiert: »Ich weiß, dass Sie der Boss sind, und ich will daran auch gar nichts ändern!«

Einer dieser Kontextmarkierer ist eine Technik, die schon bei den Konfliktlösungsstrategien beschrieben wurde: Das Verwenden von Ich-Botschaften. Ich-Botschaften führen, im Gegensatz zu Du-Botschaften, nicht zu einem Beziehungsgefälle. Wird jemand mit Du-Botschaften konfrontiert, findet er sich unvermittelt in der Rolle des Angeklagten wieder, der sich gegen Vorwürfe verteidigen muss. Ich-Botschaften hingegen bringen lediglich zum Ausdruck, was im Sprecher vor sich geht.

Ein weiterer Kontextmarkierer, der die Hierarchie zwischen den Gesprächspartnern intakt lässt, ist der Verzicht auf Forderungen. Das Aussprechen von Wünschen ist in jeder Situation und in jeder Beziehung möglich.

Der Unterschied wird wahrscheinlich völlig klar, wenn man die folgenden Gesprächseröffnungen miteinander vergleicht:

Beispiel

»So kann es einfach nicht weitergehen! Im Grunde genommen führen immer noch Sie die Abteilung, und Sie sind auch nicht bereit, die Führung abzugeben. Ich erwarte jetzt von Ihnen, dass Sie sich aus der Leitung der Abteilung zurückziehen! Ich kann auch nicht länger akzeptieren, dass Sie meinen Leuten ständig direkte Anweisungen geben. In Zukunft möchte ich, dass Sie sich an mich wenden, wenn Sie etwas von meiner Abteilung brauchen, ich werde das dann mit meinen Leuten organisieren.«

So könnte man einen Mitarbeiter vielleicht zurechtweisen, aber auf keinen Fall ein Gespräch mit seinem Chef beginnen. Das Beziehungsangebot ist eindeutig: Man stellt sich über den anderen und zeigt ihm, wo es langgeht. Der aufmerksame Leser wird feststellen, dass alle gemachten Aussagen aus den Konfliktstrategien kommen, nicht aus den Konfliktlösungsstrategien.

Anders wird das Gespräch wahrscheinlich verlaufen, wenn man es so anfängt:

Beispiel

»Für mich ist die Leitung der Abteilung im Moment sehr schwierig. Da die Mitarbeiter aus verständlichen Gründen mit ihren Problemen oder Fragen noch häufiger zu Ihnen kommen als zu mir, entgeht mir manche wichtige Information. Es ist mir klar, dass Sie noch so gut im Thema drin sind, dass Sie Probleme auch schnell und kompetent lösen können und den Mitarbeitern sagen können, was sie tun sollen. Ich kann beide Seiten sehr gut verstehen, da das natürlich als der einfachste und schnellste Weg erscheint. Aber für mich entsteht dadurch eine ganz schwierige Situation, denn wenn einiges an mir vorbeigeht, ist es nicht leicht, die richtigen Entscheidungen zu treffen. Außerdem ist es auf diese Art und Weise im Moment für mich sehr schwer, meine Autorität bei den Mitarbeitern aufzubauen. Um meine Aufgabe wirklich gut wahrnehmen zu können, wäre es für mich sehr wichtig, dass Sie Mitarbeiter, die mit Problemen zu Ihnen kommen, direkt an mich verweisen. Wenn Sie Informationen aus der Abteilung brauchen, würde ich mir wünschen, dass Sie sich direkt an mich wenden. Ich werde organisieren, dass Sie alle gewünschten Informationen rechtzeitig erhalten. Oder sehen Sie bei dieser Vorgehensweise eventuell Probleme?«

Mit Ich-Botschaften und dem Formulieren von Wünschen macht man dem anderen klar, dass man eine Einigung mit ihm erzielen und ihm nicht etwas diktieren will. Wenn man es schafft, ein in dieser Situation unangemessenes Beziehungsgefälle zu vermeiden, hat man sehr viel größere Chancen, mit seinem Anliegen Gehör zu finden. Es ist dazu überhaupt nicht nötig, in die Rolle des angepassten Kindes zu schlüpfen, das wäre im Gegenteil wahrscheinlich sogar sehr schädlich. Denn in der Rolle des angepassten Kindes vermittelt man nur Unsicherheit und würde ebenfalls ein falsches Beziehungsangebot machen.

Der optimale Zustand ist ein selbstsicheres Erwachsenen-Ich, mit dem man deutlich macht, was einem wichtig ist, statt Anweisungen zu geben und Forderungen zu stellen. Im Führungstraining habe ich häufig die Erfahrung gemacht, dass Teilnehmer diese Gesprächssituation zum Teil mehrfach üben mussten, bevor die Wirkung selbstsicher, aber nicht mehr unangemessen fordernd war. Etliche Führungskräfte berichteten mir sehr zufrieden, wie überraschend gut dieses Gespräch von ihrem Chef aufgenommen wurde, nachdem sie endlich den Mut hatten, es nicht mehr länger vor sich herzuschieben.

Und noch ein Hinweis zum Schluss: Wenn man dieses schwierige Gespräch also endlich in Angriff genommen hat und merkt, dass man erfolgreich ist, denn der Chef hört aufgeschlossen und verständnisvoll zu, darf man sich nicht dazu verführen lassen, es zu früh zu beenden! Wer die Arbeitsbeziehung auch weiterhin erfolgreich gestalten will, sollte auf keinen Fall das Büro des Chefs verlassen, ohne klare Vereinbarungen getroffen zu haben, die auch Sonderfälle und Ausnahmen, wie zum Beispiel: »Wie handhaben wir es, wenn die neue Führungskraft nicht im Haus ist, ihr Chef aber dringend etwas von der Abteilung braucht«, mit einschließen. Wenn das alles geregelt ist, dient es der guten Sache, wenn man zuletzt auch mit den Mitarbeitern die Vereinbarung trifft, dass sie von sich aus informieren müssen, wenn sie eine Aufgabe von oben bekommen haben. Das hat nicht nur den Nutzen, dass man immer auf dem neuesten Stand ist, was die Arbeitsbelastung der einzelnen Mitarbeiter betrifft, es macht auch den Mitarbeitern noch einmal deutlich, wer der für sie verantwortliche Ansprechpartner ist.

9.
Probleme mit fusionierten Teams bewältigen

Nach Fusionen wird aus zwei bestehenden Teams häufig per Beschluss ein Team gemacht. Da das meist nur auf dem Papier ganz einfach vor sich geht, hat der neue Chef dieses fusionierten Teams seine ganz eigenen Führungsprobleme zu bewältigen.

Er war höchstwahrscheinlich schon der Chef eines der beiden ursprünglichen Teams, deshalb definiert sich sein altes Stammteam als das »eigentliche« Team. In dieses »eigentliche« Team sollen »die Anderen« nun bestenfalls einverleibt werden, was bedeutet: Es gibt Gewinner und Verlierer der Fusion im Team. Die unausgesprochene Erwartung von allen ist, dass »die Anderen« sich in die bestehenden Regeln und die bestehende Kultur des Stammteams einfügen, was von »den Anderen« als Unterwerfung erlebt wird.

Außerdem sind die Mitarbeiter des Stammteams natürlich vertraut mit ihrer Führungskraft und wissen, worauf es ihr ankommt. Das heißt, sie können auch nach der Fusion praktisch nahtlos weiterarbeiten, während »die Anderen« erst herausfinden müssen, wie die Zusammenarbeit mit dem neuen Chef zu gestalten ist.

Diese Faktoren schaffen für die, die nun quasi nachträglich dazustoßen sollen, eine schwierige Situation. Sie haben das Gefühl, es werde verlangt, dass sie als größere Gruppe in ein bestehendes Team eingebunden werden sollen. Bei einem einzelnen Mitarbeiter, der zu einem Team dazukommt, ist es auch so, dass er sich in das Team integrieren muss, und es geschieht mehr oder weniger leicht. Handelt es sich jedoch um eine ganze Gruppe, so passiert meist Folgendes: Für die Mitglieder dieser Gruppe ist es einfacher, sich als »Underdog-Gruppe« zusammenzuschließen und die alte

Gruppenidentität zu wahren, statt sich den neuen Bedingungen anzupassen. Man achtet darauf, immer Unterscheidungen beizubehalten, und definiert sich als eigene Untergruppe.

Die Führungskraft wird schnell spüren, dass Untergruppenaktivität in Gange ist, die rasch das Ausmaß eines Krieges der Gruppen untereinander annehmen kann. Besonders ausgeprägt ist dieses Phänomen, wenn zwei Firmen fusionieren, die ihre unterschiedlichen Standorte beibehalten, sodass sich für das neue Team auch keine räumliche Nähe ergibt.

Bei Individuen oder auch Gruppen, deren Verhältnis ohnehin durch Misstrauen geprägt ist, führt ein Mangel an vernünftigem Kontakt dazu, Feindbilder aufzubauen und zu erhalten. Alles, was passiert, wird so interpretiert, dass das Feindbild bestätigt wird. Häufig kommt es zu unsinnigen Unterstellungen, und die Animositäten können in einer völligen gegenseitigen Blockade gipfeln.

So geschah es zwei Rechenzentren, die fusionierten, aber ihre jeweiligen Standorte beibehielten. Die beiden Abteilungen, die nun ein neues Team bilden sollten, hatten fast ausschließlich telefonischen Kontakt, und jeder identifizierte sich ganz stark mit seinem Standort. Bei dieser Fusion war von der Geschäftsleitung sehr gründlich überlegt worden, welche Führungsposition mit welcher Führungskraft besetzt werden sollte. Man hatte sorgfältig geplant, wie die Aufbauorganisation aussehen sollte. Darüber hinaus hatte man sehr genau berechnet, wie viel Geld man dank des Synergie-Effektes durch die Fusion sparen würde.

Leider hatte man die Rechnung ohne die Teams gemacht. Da man es versäumt hatte, auch die Teams in geeigneter Weise zu fusionieren, war das Ergebnis nicht Synergie, sondern Krieg. In den einzelnen Abteilungen war das Klima geprägt durch Misstrauen und Feindseligkeit, selbst harmlosen Anfragen sachlicher Art eines Standortes an den anderen wurde irgendeine neue Gemeinheit unterstellt, und jede Seite war sich absolut sicher, dass die anderen nicht arbeiten. Diese Unterstellung war insofern sogar berechtigt, als mindestens 60 Prozent der Arbeitsenergie dahinein floss, Fallen zu stellen beziehungsweise sich gegen Angriffe abzusichern – und zwar auf beiden Seiten.

Die Führungskräfte hatten die größten Schwierigkeiten. Sie sahen zwar genau, was sich abspielte, waren aber außerstande, dem entgegenzusteuern. Außerdem geschah es natürlich oft genug, dass bei Beschwerden oder Klagen das ehemals eigene Teilteam die höhere Glaubwürdigkeit besaß, denn man kannte ja seine Leute und vertraute ihnen. Das führte jedoch zu einer weiteren Ausgrenzung des anderen Teilteams. Die Gruppenspaltung wurde weiter vertieft, ein Teil schloss sich zu einer Opfergemeinschaft zusammen.

Um in einer solchen Situation Abhilfe zu schaffen, kann man versuchen, mit Teamworkshops zu retten, was zu retten ist. Nachträgliche Workshops können dazu beitragen, die entstandene Kluft zu überbrücken und gemeinsame Regeln zu erarbeiten. Doch ist dies eine längerfristige Angelegenheit, die mit einem hohen Aufwand verbunden ist.

Sehr viel geschickter ist es, gleich zu Beginn einer Fusion beide Teams aufzulösen und einen neuen Teambildungsprozess in Gang zu setzen. Das kann geschehen mittels eines Kick-off-Meetings oder eines Startworkshops für das neue Team.

Der Startworkshop für ein neues Team

Optimal für einen solchen Startworkshop ist es, wenn er mithilfe einer externen Moderation durchgeführt wird, doch möglich ist auch die Moderation durch die Führungskraft. Ein Startworkshop für ein fusioniertes Team nimmt anderthalb bis zwei Tage in Anspruch und sollte in einem Hotel stattfinden, in dem alle Teilnehmer auch übernachten. Das Hotel sollte über einen recht großen Seminarraum verfügen sowie über übliche Flipcharts und drei sehr lange, kräftige Seile.

Der Seminarraum ist mit einem offenen Stuhlkreis eingerichtet, es befinden sich keine störenden und Distanz schaffenden Tische vor oder zwischen den Teilnehmern. Nachdem die Teilnehmer auf den Stühlen Platz genommen haben, werden sie entweder vom Moderator oder von der Führungskraft begrüßt. Anschließend werden Sinn und Zweck dieser Veranstaltung erklärt.

Nun werden die drei Seile dazu benutzt, um drei »Räume« auf

dem Boden auszulegen, zwei kleinere für die ehemaligen Teams und einen größeren für das neu zu bildende Team, die Stühle räumt man zur Seite.

Was nun folgt, ist die symbolische Auflösung der beiden alten und die Bildung eines neuen Teams. Die Vorgehensweise gestaltet sich folgendermaßen: Nachdem dem Gesamtteam die Aufgabe und ihr Sinn erklärt wurde, gehen beide Teilgruppen mit dem Chef in jeweils einen der kleineren Räume, um sich hier von ihrem alten Team zu verabschieden. Jeder hat die Möglichkeit, mit jedem Einzelnen aus seinem alten Team zu sprechen, es können noch einmal Feedbacks ausgetauscht werden – man sollte sich verabschieden, als ginge man in eine andere Firma. Doch bevor man tatsächlich auseinander geht, hat jede Teilgruppe noch eine zusätzliche Aufgabe. Jede Gruppe soll zwei Fragen bearbeiten:

- Was gibt es an negativen Vorurteilen über die andere Firma?
- Was gibt es an positiven Vorurteilen über die andere Firma?

Außerdem soll sich jede Gruppe überlegen, wie sie die Antworten auf diese Fragen möglichst witzig und humorvoll nachher in der Großgruppe präsentieren kann. Jede Seite sollte Gelegenheit haben, auch einmal herzlich über sich selbst lachen zu können.

Danach geht es an das eigentliche Abschiednehmen in dem kleinen Team, mit dem auf jeden Fall der Chef des neuen Gesamtteams beginnt. Er verabschiedet sich per Handschlag von jedem Einzelnen und wechselt dann in den großen Raum, der symbolisch der Raum des gesamten Teams ist.

In diesen großen Raum kommen jetzt nacheinander und einzeln die Teilnehmer, die von ihrem Chef persönlich als neues Team-Mitglied begrüßt werden, auch wenn es sich um seine ehemaligen Mitarbeiter handelt, von denen er sich ja gerade verabschiedet hat. Es ist wichtig, darauf zu achten, dass tatsächlich jeder einzeln den großen Raum betritt. Denn jeder sollte sich als neues Team-Mitglied vorstellen, mit seinem Namen, der Tätigkeit, die er ausübt, den Stärken, die er besitzt, und dem Beitrag, den er von sich aus in das neue Team einbringen will. Hilfreich ist es vielleicht auch, wenn jeder noch dazusagt, womit man ihn ärgern kann, dann ist das auch geklärt.

Wenn alle Team-Mitglieder im großen Kreis anwesend sind, ist die Vorstellrunde beendet. Dann kann es weitergehen, wie es weiter vorn beim Startworkshop mit den neuen Mitarbeitern beschrieben wurde. Jeder ist nun einigermaßen auf dem gleichen Stand darüber, was die Vorlieben und Abneigungen der einzelnen Menschen sind und wie sie miteinander umgehen können. Damit wurde zunächst einmal symbolisch das neue Team gebildet. Das ist jedoch noch nicht alles:

Ganz entscheidend ist es, bevor alle auseinander gehen, dass das neue Team zuerst noch die ganz konkrete Erfahrung der Zusammenarbeit macht. Damit das geschehen kann, muss die Führungskraft ein wenig Vorarbeit geleistet haben: Der Chef sollte darauf vorbereitet sein, die neuen Firmenziele sowie die Ziele seiner Abteilung oder seines Bereiches zu präsentieren. Er sollte deutlich machen, welche Ziele das neue Team erreichen soll.

Danach besteht die Aufgabe für das Team darin, in möglichst gemischten Kleingruppen zu erarbeiten, mit welchen konkreten Maßnahmen diese Ziele erreicht werden können. Diese Vorgehensweise hat den Vorteil, dass das neue Team gleich die Erfahrung macht, dass seine Mitglieder gemeinsam imstande sind, eine Zielvision und einen konkreten Maßnahmenkatalog zu entwickeln. Erst mit diesen Ergebnissen kann jeder nach Hause fahren.

Idealerweise enthält dieser Maßnahmenkatalog Aufgaben, die gemeinsam von Teammitgliedern aus den unterschiedlichen Teams erledigt werden müssen. Das ist wichtig, um die Gruppendynamik zu nutzen. Alle Erfahrung zeigt, dass starre Feindbilder immer mit mangelndem Kontakt zu tun haben. Wenn wenig oder gar kein Kontakt vorhanden ist, ist es leicht, klischeehafte Feindbilder für wahr zu halten und sie aufrechtzuerhalten. Wo immer der Kontakt sich intensiviert, nimmt man den »Feind« plötzlich differenzierter wahr. Amerikaner sind alle oberflächlich – bis auf die paar, die man persönlich kennt. Italienische Männer sind doch alle Machos – mal von Luigi abgesehen, der so unter dem Pantoffel von Louisa steht.

Feindbilder müssen also notgedrungen aufweichen, wenn man die Menschen für Teilprojekte zur Zusammenarbeit bewegen kann. Dann wird es auch schwieriger, aus ganzem Herzen zuzustimmen, wenn jemand, der diese differenzierte Erfahrung noch nicht gemacht hat, »die anderen« pauschal verurteilt. Manchmal ist sogar ein bisschen Stress hilfreich, um Menschen bei der Arbeit miteinander zu verbinden. Es ist ein Phänomen, dass sich Menschen in Notsituationen gut verstehen, die im Alltag keine Stunde miteinander verbringen könnten.

Dass ein solcher Startworkshop so früh wie möglich stattfinden sollte, am besten noch bevor es überhaupt zu Feindseligkeiten gekommen ist versteht sich von selbst. Doch trotzdem kann es sinnvoll sein, auch später noch begleitende Maßnahmen zu ergreifen.

Die können darin bestehen, eine Zeit lang einen festen Tagesordnungspunkt für jede Teamsitzung einzuplanen, der lautet: Optimierung der Zusammenarbeit.

Eine weitere Maßnahme ist, dafür zu sorgen, dass die Mitarbeiter gemeinsame Teamerlebnisse haben. Warum das wichtig ist, weiß jeder Verkaufsleiter, der unter besonders stressigen Bedingungen eine Messe mit seinen Mitarbeitern gestalten musste. Obwohl das nur mit zahlreichen Überstunden und unter Fluchen bewältigt wird, schweißt es doch für gewöhnlich die Mannschaft richtig zusammen. Das sind die Gelegenheiten, wo Mythen entstehen, die nach Jahren noch im Team erzählt werden.

Solche Geschichten sind das Band, das ein Team zusammenhält. Man kann das Entstehen solcher Anekdoten zum Beispiel dadurch erreichen, dass man mit dem gesamten Team ein Outdoor-Training mitmacht. Überstandene Gefahren und Schwierigkeiten in einer kontrollierten Situation eignen sich bestens zum Wiedererzählt-werden. Außerdem macht das Team, wenn es ein wirklich gutes Outdoor-Training ist, auch die Erfahrung, dass man zwar aufeinander angewiesen ist, dass man sich aber auch aufeinander verlassen kann. Dies im Berufsalltag einfach wieder auszublenden, wird den meisten schwer fallen.

Eine weitere Maßnahme ist, gemeinsam eine Aktivität zu planen, die Spaß macht, zum Beispiel einen Auftritt bei einem Firmenfest.

Man kann einiges dafür tun, dass eine Fusion nicht nur auf dem Papier stattfindet, sondern auch die Menschen zu einer guten Zusammenarbeit finden und der Synergie-Effekt letztendlich eintritt.

10.
Etablieren bei den wichtigsten Kunden

Zu guter Letzt soll eine Personengruppe berücksichtigt werden, die bei dem Thema »Wie etabliere ich mich als neuer Chef« leicht in Vergessenheit gerät. Um einen möglichst problemlosen Übergang zu schaffen, ist es oftmals von großer Bedeutung, auch mit den Kunden abzuklären, dass es zu einer personellen Veränderung gekommen ist. Sei es, dass man, nun zum Chef geworden, sie nicht mehr persönlich betreuen kann, dann muss der Mitarbeiter, der das in Zukunft übernehmen soll, eingeführt werden. Sei es, dass man neu zu der Firma gekommen ist, dann müssen gute Beziehungen aufgebaut werden.

Besonders wenn man eine Abteilung leitet, die viele Kundenbeziehungen hat, wie das zum Beispiel im Service, im Verkauf oder in der Verkaufsunterstützung der Fall ist, ist es ratsam, so schnell wie möglich mit den wichtigsten Kunden Kontakt aufzunehmen. Es kommt wohl bei allen Kunden sehr gut an, wenn man sich persönlich vorstellt. Bei dieser Gelegenheit kann man leicht die Sprache darauf bringen, wie die Zusammenarbeit denn bisher vom Kunden erlebt wurde. Man wird wahrscheinlich sehr viel Nützliches erfahren, wenn man die Kunden etwa bittet, zu schildern, wie sie von ihrer Seite aus die Abteilung wahrnehmen.

Zusätzlich zur Frage nach der Zufriedenheit des Kunden kann man auch danach fragen, was in den Augen des Kunden die Hauptprobleme sind. Bei diesem Gespräch ist es wichtig, die gleichen Fähigkeiten einzusetzen wie beim Mitarbeitergespräch: also zunächst einmal gut zuhören, nicht in die Verteidigungsposition gehen, sondern vor allen Dingen die Worthülsen knacken, und das heißt fragen. Wenn der Kunde tatsächlich ein Problem mit der entsprechenden Abteilung hat und das ausspricht, ist es erfolgversprechender, erst einmal zu klären, inwiefern das für den Kunden ein Problem ist und ob es schon Lösungsversuche gab, als selbst gleich mit Lösungsideen herauszuplatzen. Sonst bringt man womöglich Lösungsvorschläge, die schon fruchtlos ausprobiert wurden, und mit denen man gleich den guten Eindruck trübt. Besser ist es, zunächst gar nicht mit guten Einfällen glänzen zu wollen, sondern nachzufragen, aus welchen Gründen die bisherigen Lösungsversuche denn gescheitert sind. Unter Umständen ist man der Erste, der endlich einmal wissen will, wie aus der Sicht des Kunden das Problem gelöst werden müsste.

Erstaunlicherweise werden diese Fragen selten gestellt. Dabei ist die Akzeptanz aller Maßnahmen deutlich höher, wenn die Betroffenen in die Lösungsfindung eingebunden waren. Wenn die neue Führungskraft ihre »Hausaufgaben« bereits gemacht hat, das heißt, auch die Mitarbeitergespräche schon geführt hat, kennt sie jetzt beide Ansichten über das Problem. Wenn sie, ausgestattet mit den neuen Informationen aus dem Gespräch mit dem Kunden, jetzt noch einmal mit den zuständigen Mitarbeitern spricht, sollte sie imstande sein, die wichtigsten Probleme zu lösen. Sie macht damit mindestens genauso viele Punkte in den Augen des Kunden wie mit einem dramatischen Preisnachlass. So erwirbt man sich den Ruf von jemandem, der (»endlich!«) Probleme im Sinne des Kunden zu lösen in der Lage ist. Das schafft eine sehr gute Vertrauensbasis für zukünftige Projekte.

Gerade wenn man von außen in eine Firma kommt, hat man den großen Vorteil, nicht betriebsblind zu sein, sondern ganz »naive« Fragen stellen zu können, die einem Insider vielleicht schon gar nicht mehr einfielen. Als Neuer hat man viel eher die Erlaubnis, auch so genannte »Selbstverständlichkeiten« infrage zu stellen. Damit wird die Tür zu neuen Lösungsräumen geöffnet, die bisher einfach nur deshalb verschlossen waren, weil schließlich jeder Experte genau wusste, »dass es so nicht geht!«.

Was Kundenbeziehungen betrifft, so kann es hilfreicher sein, sich zu fragen: »Was braucht der Kunde eigentlich von uns?«, als sich zu überlegen: »Welches unserer Produkte könnte das richtige für ihn sein?« Gerade die unvoreingenommene Frage: »Welchen Nutzen will der Kunde aus uns ziehen?« kann zu völlig neuen und überraschenden Ideen führen. Diese Erfahrung machte auch ein Manager, der als Branchenfremder in eine farbenproduzierende Firma kam. Er stellte die mutige, weil von den Fachleuten belächelte Frage: »Was wollen unsere Kunden wirklich von uns?« Die Spezialisten hatten bisher immer nur über die möglichen Qualitätsverbesserungen der Farbe nachgedacht, vielleicht auch noch darüber, wie man diese Produkte kostengünstiger anbieten kann, aber nie die anderen Interessen ihrer Kunden in Betracht gezogen. Erst durch die naive Frage des Neulings kam man darauf, dass die Hauptkunden, nämlich Handwerker, ein großes Interesse daran haben, möglichst schnell eine Baustelle wieder verlassen zu können, um den nächsten Auftrag anzunehmen. So entstand eine völlig neue Marketingstrategie. Bisher hatte man sich darauf konzentriert, nur die Farben gut zu verkaufen, doch jetzt war klar geworden, dass die Qualität der Farben gar nicht das Entscheidende waren, sondern dass es darum ging, den Handwerkern zu vermitteln, dass die Produkte dieser Firma ihnen die Arbeit erleichtern und sie die Baustellen schneller verlassen können.

Wie gesagt, ein Neuer hat die Chance, Fragen aufzuwerfen, die sich vorher noch nie gestellt haben. Das gilt nicht nur für die Beziehung zu externen Kunden, sondern auch zu den »Kunden« im eigenen Haus – anderen Abteilungen, denen zugearbeitet werden muss oder die zu unterstützen sind. Ähnlich wie bei externen kann man auch bei internen Kunden vorgehen, indem man nachfragt, welche Probleme es gibt und wie die gewünschte Lösung aussehen würde.

Auch bei Kunden innerhalb des Hauses lohnt es sich, die Frage zu stellen: »Wofür sind wir eigentlich da? Wem sollen wir welchen Nutzen bieten?« Wer neu ist, der kann auch neu hinschauen und überprüfen, ob alle Chancen zur Problemlösung genutzt werden. Wenn man dann daran geht, eventuell vorhandene Schwierigkeiten mit anderen Abteilungen zu beheben, wird die erfolgreiche Führungskraft auf jeden Fall das Insiderwissen ihrer Mitarbeiter nutzen.

Wenn man mit den Kunden spricht, gleichgültig ob mit externen oder internen, gerät man immer wieder in die Gefahr, sich rechtfertigen zu wollen. Dies gilt besonders dann, wenn der Ton scharf ist. In solchen Momenten ist es hilfreich, sich an die Konfliktlösungsstrategien zu erinnern und die Spitzen zu ignorieren. Stattdessen wendet man Fragestrategien an, um eine konstruktive Gesprächsatmosphäre zu schaffen und nicht unversehens in einen Schlagabtausch zu geraten.

Sollte man neu in der Firma sein, fällt einem das relativ leicht, weil man mit den Fehlern, die in der Vergangenheit gemacht wurden, ohnehin nichts zu tun hat. Schwieriger ist es jedoch, wenn man der Firma schon länger als Mitarbeiter angehört hat. Dann wird leicht ein Verteidigungs- oder gar Gegenangriffsimpuls ausgelöst.

Aus diesem Grund ist es auch für alle Beteiligten nervenschonender, wenn man einen Mitarbeiter, den man zum Kundengespräch mitnimmt, gut vorbereitet. Diese Vorbereitung kann zum Beispiel darin bestehen, dass man dem Mitarbeiter Vorhersagen macht. Man kann ihm vorhersagen, dass vom Kunden der eine oder andere ungerechtfertigte Angriff erfolgen wird. Oder man kann ihm vorhersagen, dass einiges, worüber sich der Kunde beklagt, ganz bedauerlich überzogen sein wird. Macht der Chef seinem Mitarbeiter nun ganz deutlich, dass ihm das vollkommen klar ist und er keineswegs unbesehen alles glaubt, was er vom Kunden hört, weiß der Mitarbeiter Bescheid, dass er sich dem Chef gegenüber nicht verteidigen muss. Alle relativierenden Aussagen des Mitarbeiters können dann auf die Zeit nach dem Kundengespräch verschoben werden und müssen nicht sofort erfolgen. Das wirkt sich außerordentlich erfreulich auf die Gesprächsatmosphäre aus.

Auch bei der Nachbesprechung tut es wahrscheinlich beiden gut, wenn der Chef sich an einige Konfliktlösungsstrategien erinnert. Denn möglicherweise muss sich der Mitarbeiter erst einmal über die Darlegungen des Kunden aufregen. Wenn dem Chef zu diesem Zeitpunkt einfällt, dass es deeskalierend wirkt, Verständnis zu zeigen, ist schon viel gewonnen. Eine Aussage wie: »Ich kann gut verstehen, dass diese Äußerungen Sie sehr geärgert haben. Aber der Kunde hat ganz offensichtlich so und so verstanden, was da passiert ist!«, hilft, eine Auseinandersetzung zu vermeiden.

Am schlimmsten wäre es, in dieser Situation in ein Gerichtssaal-spiel hineinzurutschen, bei dem der Chef die Rolle des Kunden übernimmt und zum Ankläger wird, was bei den Mitarbeitern leicht die Befürchtung auslöst, der Chef stehe nicht hinter dem Team. Dadurch, dass man Verständnis zeigt, signalisiert man je-doch, dass es, gleichgültig, was in der Vergangenheit passiert ist, nicht um Anklage geht, sondern um Lösungen für die Zukunft.

Manchmal bewirken geglückte Kundengespräche den Optimal-fall, dass aus einer Reklamation eine höhere Kundenzufriedenheit erwächst. Eine lange Klagemauer über die hohen Ansprüche und verrückten Forderungen der Kunden ist dazu allerdings nicht dien-lich, sondern neue Ideen, wie man dem Kunden mehr Nutzen bie-ten kann.

Wie am Anfang des Kapitels schon erwähnt, ist auch dann ein Gespräch mit den wichtigsten Kunden nötig, wenn man sich durch die Beförderung nicht mehr persönlich um sie kümmern kann. Das erfordert manchmal sehr viel Fingerspitzengefühl, besonders wenn es sich um intensive Kundenbeziehungen handelt, wo sich gele-gentlich private und berufliche Berührungspunkte mischen. Doch nicht nur die Kunden müssen überzeugt werden, sich künftig von einem anderen betreuen zu lassen, auch die Mitarbeiter brauchen manchmal Nachhilfe in der Erkenntnis, dass sie sehr gut auf eige-nen Beinen stehen können.

Die Erfahrung, wie wichtig die Fähigkeit, sich abzugrenzen, ist, machte ein Verkäufer, der außerordentlich erfolgreich war, weil er in seinem Gebiet sehr bekannt war. Die Kontakte zu seinen Kun-den datierten zum größten Teil noch aus der Sandkastenzeit oder der Tanzstunde, und dann traf man sich im Tennisclub. Da er ei-nen Spitzenumsatz produzierte, ließ die Ernennung zum Verkaufs-leiter nicht allzu lange auf sich warten. Doch was für andere eine Traumkarriere wäre, entwickelte sich für ihn fast zum Albtraum, denn sein Job begann, ihn zu sehr zu beanspruchen.

Zum einen wollten seine guten alten Bekannten es immer nur mit ihm zu tun haben, und da er ein sehr netter Mensch war, fühlte er sich aus alter Verbundenheit auch verpflichtet, sie zu betreuen. Zum anderen kamen auch seine Mitarbeiter häufig genug auf ihn zu, wenn er es denn schließlich geschafft hatte, einen Kunden abzugeben, und baten ihn: »Sie kennen doch Herrn X so gut von früher. Könnten Sie ihn in dieser heiklen Angelegenheit nicht anrufen? Diese Reklamation ist total verfahren!«

Oder sie stellten die harmlose Frage: »Sie kennen doch Schmidt von der Firma Müller?« Ließ er sich unvorsichtigerweise zu einem »Ja« hinreißen, kam gleich als Nächstes: »Wissen Sie eigentlich, dass der hauptsächlich mit einem Konkurrenzprodukt arbeitet? Das wäre doch ein hoch interessanter Kunde! Den würde ich zu gerne akquirieren. Könnten Sie da nicht einmal anrufen und den Kontakt herstellen?« Wer würde sich eine solche Gelegenheit, vielleicht einen großen Kunden dazuzugewinnen, schon entgehen lassen?

Als ihm schließlich klar wurde, dass er seit seiner Beförderung zwei Jobs machte, führte er das längst fällige Gespräch mit seinen Verkäufern und machte ihnen klar, dass es auf die Dauer gar nichts nützte, wenn sie sich weiterhin auf sein Beziehungsnetz verließen.

Außerdem gab er konsequent seine alten Kunden an die Mitarbeiter ab. Das war natürlich zum Teil schwierig, weil es einige gab, die auf die jahrelangen Beziehungen pochten. Doch er stellte jedem alten Kunden seinen neuen Verkäufer vor und schaffte so die Umstellung. Das persönliche Vorstellen ist unerlässlich; ein netter Brief nützt nämlich gar nichts, um dem Kunden das Vertrauen einzuflößen, dass er bei dem neuen Verkäufer in genauso guten Händen sein wird wie bei dem, den er schon lange kennt. Auch in diesen Fällen hilft die Strategie »Verständnis zeigen«, Konflikte mit vielleicht enttäuschten Kunden zu vermeiden. Und manchmal muss man damit leben, dass man besonders gute alte Kunden doch hin und wieder selbst betreuen muss.

Nur Mut!

Konflikte kommen im normalen Führungsalltag zum Glück weder so gehäuft, noch so massiv vor, wie es nach der Lektüre dieses Buches vielleicht den Anschein hat. Sollten sie dennoch auftreten, ist es gut, wenn man über ein bisschen Handwerkszeug verfügt, um mit ihnen umzugehen.

Den wenigsten Menschen ist klar, wie viel in der Kommunikation passieren muss, damit es überhaupt zu einem Konflikt kommt. Noch weniger klar ist ihnen, welche Möglichkeiten sie haben, Konflikte entweder zu verhindern oder konstruktiv zu wenden. Manchmal genügt es ja schon, dass einem der Mechanismus klar geworden ist, wie ein Konflikt entsteht, damit man anders reagieren kann. Gelegentlich erfordert es natürlich auch ein bisschen Übung, um die vertrauten, eher destruktiven Verhaltensmuster durch neue, konstruktivere zu ersetzen.

Dabei werden die Fähigkeiten zur Konfliktlösung immer stärker benötigt werden. Die »Verschlankung«, die in den meisten Unternehmen zu beobachten ist, führt zu einer erhöhten Arbeitsbelastung für jeden Einzelnen. Das führt fast automatisch zu mehr Konflikten, die den Stress erhöhen, was noch mehr Belastung bringt und so weiter. Konflikte kosten Zeit, Geld und Nerven, die alle Mangelware sind. Diese kostbaren Ressourcen zu schonen liegt im Eigeninteresse der Führungskräfte und der Unternehmen.

Auch die Tendenz vieler Firmen, ihre Arbeitsabläufe in Projekten zu organisieren, schafft für die betroffenen Projektleiter die Situation, anders führen zu müssen als früher. Dadurch, dass sie häufig mit Mitarbeitern arbeiten müssen, die gar nicht ihrer Weisungsbefugnis unterstehen, brauchen sie kommunikative Fähigkeiten, die das simple Anordnen weit überschreiten. Wenn Mitarbeiter, die in einem Projekt nicht »hauptamtlich« arbeiten, hin- und hergerissen sind zwischen ihren Linienaufgaben und den Projektverpflichtungen, entsteht eine Fülle von Konflikten, die nur durch Verhandlungen vernünftig gelöst werden können. Nur wer eine Reihe von Konfliktlösungsstrategien beherrscht, wird in der Lage sein, solche Projekte kompetent und zur Zufriedenheit aller zu managen.

»Für die Fähigkeit, Menschen richtig zu behandeln, zahle ich mehr als für jede andere«, hat Rockefeller in den 30er Jahren gesagt. Was er damals erkannt hat, gilt heute mehr denn je: Führungskompetenz heißt nicht nur Intelligenz, Weitblick, Organisationstalent und fachliches Können, es heißt auch Kommunikationskompetenz und beinhaltet in ganz besonderem Maß die Fähigkeit, konstruktiv mit Konflikten umzugehen. Jeder, der überhaupt kommunizieren kann, kann sein Verhalten in Streitfällen oder in heiklen Situationen optimieren, wenn er das will. Dazu soll dieses Buch eine Anregung sein.

Register